ミース・ファン・デル・ローエの建築言語

The Architectural Language of MIES VAN DER ROHE

渡邊明次
WATANABE MEIJI

【写真】

ワー／模型1922

まえがき

私がミースの事務所で働いたのは、1962年から約3年半、主としてドイツのプロジェクト、クルップ本社ビルの設計に携わった。この作品は、鉄骨造3階建ての事務所ビルで、エッセンの丘の上に建つ、全体をピロティーにしたプロジェクトであった。ほとんど設計作業は完了したにもかかわらず経営的な問題で実現されず、ミースにとって幻の作品になってしまった。

事務所の仕事は、与えられた課題を可能な限り発展的に展開し、解決案を導き、模型化し、図面化していくものであった。ディテール造りは、完全に細部まで実物大の模型により検討し、図面化する設計プロセスである。したがって、重要なディテールになるとミースの出席を求め、最終決定を下した。ミースは76歳、すでに足が悪く車椅子で動いていたが、毎日午後には必ず事務所に来ていた。

事務所は、シカゴの中心地からさほど離れていない、7、8階の元工場が建ち並ぶ一角にあった。そこは天井高があって、スタジオ向きだった。エレベーターを降りると大きめのガラス扉があり、その奥にロビーが広がり、画廊を思わせるように事務所の作品が展示されていた。その左に事務方の部屋、右側に会議室、その奥にミース自身の事務室があった。ロビーのすぐ前方に図面置場と書庫があり、その後ろに四列に並ぶ所員の製図室、最後部に小さな木工所さながら工作室が備わっていた。

所員は16人で、大きく二つのワーキング・グループに分かれ、その下にいくつものグループがそのつど編成され、色々なプロジェクトに関わり活気づいていた。そんな中、ミースはたびたびスタッフだけを招いたホームパーティーを開いてくれた。ミースのアパートは事務所からあまり離れていない高級住宅街の一角にあって、われわれスタッフは適当に夕食を済ませ、三々五々アパートに集まるのであった。

アパートに入ると、その質素なたたずまいの中にも、玄関ホールの白い壁にはバウハウス時代の友人パウル・クレーやカンディンスキーの作品が飾られていた。パーティーは、何を話すでもなく雑談から始まり、やがてチーフ連が早めに退座、その後が、待ちかねたわれわれ若い者がミースと直接話す、絶好の機会となった。

ミースはシャンペンを飲み進むにつれ饒舌になり、質問する解答に混ぜて、大きな声でドイツ人独特の「イヤー」「イヤー」と相槌をうってくれる。若い時の自分、そして建築にまつわるエピソード等、懐かしく話していた。われわれはミースを囲み、まるで説法を聞く信者のように床に座り、身をのり出し、ミースの言葉を一言も聞き漏らすまいと緊張して聞き入ったものだ。ここに書かれた大方は、その時に明かされたミースの「建築の課題であり解答」である。

ミースが教える建築への姿勢は、次の二つの言葉に集約される。それは、建築を極めるための「DISCIPLINE=訓練」と、建築の課題を明解なる解答に導く「DEFINE=はっきりと描き出す」ことであった。訓練とは、ミースが若くして煉瓦工で学んだ、一つ一つを大切に積み重ねて創っていく建設の訓練であり、建築の精神を知ることである。「はっきり描き出す」とは、建築の課題をそれ以上の多様な解答が得られないまで追求し、正確な解答を明確に描き出すことである。そして部分が全体に、全体が部分に関わりながら、ミースの言う「BAU KUNST＝建設芸術」に近づけていく作業である。

20世紀初頭の建築の混乱期から、近代建築の秩序を見い出したのがミースである。この本は、長い建築史の中にミースの役割を位置づけると同時に、ミースによって創り出された近代建築の新しい建築言語をミースの作品と作業の軌跡を追って記述したものである。とくに、ミース自身の心から発した言葉、つまりミースの話す肉声を大切に、創作過程とその意図を明らかにすることに努めた。私は、ミースの事務所で働く時、作品そのものより結果として創り出された建築言語の意味、つまり社会に向かって何を空間的に提供しようとしたか、ミースの創作の哲学を知ろうと努力した。

その足跡を辿ると、第四章で詳述するように、ミースはテクノロジー＝科学技術によって秩序ある「誰でもできる建築の実現」を目指したことが分かる。その創作の根底にあるのは何か。それは、私が出会い精読したデカルトの『方法序説』に記されている二つの道徳観にあると考える。一つは「良識はこの世でもっとも公平に分け与えられたものである」とする「良識」であり、もう一つは同じ人間が共有し、互いに訴える「理性」である。この「良識」と「理性」が普遍性のある国際建築様式を生み出し、「建築家のための建築」を創り出したのである。

したがって、ここに書かれたミースの革命的な提案は、いずれの場合も、ある特定のクライアントのための作業ではなく、むしろ、ミースの設計概念によって新しく見い出され、新しく創り出された建築言語の集成である。それは同時に近代建築の出発点を明示し、かつ建築史の上に新たに加えられた、近代建築とその実践的作業の証しとなっているのである。

読者はすでに建築とは絵画や彫刻と違い、イメージでもなく冥想でもなく、建築言語の集成を基礎にした創作活動であることを知っている。その上で「建築は時代の表現である」とするミースの基本思想は、明らかにヨーロッパ的、紛れもない石の建築文化の延長上にあるものである。しかしミースが言うように、その時代が科学技術社会に移行すれば、その科学技術に基づいた建築が「誰でもできる建築」の実現、即ち、建築の大衆化に向かうことは自明である。

この本に取り上げた建築言語は、ミースの個人的作業によって構築され、さらに時代の表現として承認され、それによって再構築された言語である。そのミースの建築言語が読者自身の今後の設計活動の中に活かされ、大きな成果となり、そして社会が求め、ミースが答えた「心地良い空間」の制作の一助となれば、著者として、巨匠ミースの偉大なる近代建築の一部を伝承させて頂いたことになる。

著者略歴：**渡邊明次**【わたなべ・めいじ】　工学博士
1935年静岡県清水市生まれ。1958年関東学院大学建築学科卒、1962年イリノイ工科大学大学院卒。
1962～65年ミース・ファン・デル・ローエ事務所勤務。三井霞ヶ関ビル企画室、南カリフォルニア大学客員助教授を経て、1970年から関東学院大学建築学科教授。
著訳書：『ミース・ファン・デル・ローエ』美術出版社。『ミース・ファン・デル・ローエ』ワーナー・ブレイザー編集、A.D.A.EDITA Tokyo。『現代建築の源流と動向』L.ヒルベルザイマー著、鹿島出版会。『都市の本質』L.ヒルベルザイマー著、彰国社。『大規模なオフィスビル』井上書院。

Design：**薬師神デザイン研究所 ＋ 土方朋子**

Contents

第1章
ミースの建築への啓示

ミースの生い立ちと感性

スタッフだけのホームパーティーでも、ミースは自身の生い立ちについてはあまり話さなかったが、しかし煉瓦工として働いた少年時代のことはよく話していた。後に触れる、煉瓦造田園住宅を始めとする多くのプロジェクトおよび実践的な教育プログラムの基礎、あるいは原点は、この煉瓦積みの作業にある。煉瓦はヨーロッパでは一番よく使われている材料であり、建築はその一本の煉瓦から始まるとミースは常に言っていた。

しかし、ミースの感性はそもそもどこで育ったのだろうか。それは、生まれた環境「石」によって育てられたといえよう。石屋の息子として生まれ決して裕福ではなかったミースは、家業の石工職を幼い時から助けて働いた。その石工の作業を通して石材の特性を知り、その手細工仕事の価値をじっくり身体から学びとったのである。

石を研摩するその長い工程は、ミースにとって忍耐とか努力という苦役ではなく、まさに創作活動の醍醐味、「もの造り」の感動につながる当然の行為であった。即ち、もの造りの本質「何を目的に、どう造るべきか」を知り、石が創り出す厳格な価値によって感性までも育てられたのである。正しく三つ子の魂百までという通り、「石の魂」がミースのすべての作業の根底を成している。

若くして体得した煉瓦と石へのこだわりは、その下から積み上げる建設行為に執着する。実際、ディテールの展開は、柱、梁、屋根、そして躯体から分節する壁と、まさしく石積みの原理、煉瓦積みの原理によって始まっている。後にミースが述べる「バウクンスト＝建設芸術」は、石の性格をもって積み上げ、こつこつと磨き上げ、完璧なものに創り上げて芸術作品へと昇華させる行為であり、石を研摩して造る創作作業に似ている。その建築作品を補う時々の文体も、石を積み重ねるように、建築の意味を完璧なまで追求し書き表される。ミースの芸術の真髄を育てた感性は石であり、建設の原理は煉瓦積みである。

ミースの作品には、必ず建物を置く基段がデザインされている。それは、御影石や大理石の基段である。もちろんそれは、ヨーロッパのギリシア時代から始まる古典建築手法の一つで、建築独自の問題をより明確に示す手法であるのだが、いかに石の原体験がミースの建築に深く影響を与えているかを知る一つの象徴的な事象である。

ミースはよく、建築において最も高い創造性に恵まれた時代はルネスサンス時代であったと話した。そのルネスサンスの建築をミース自身、建築の下敷きにしている。ルネスサンスは、石の建築が人間性に基づいた高い創造性によって美しく開花した時代である。

ある時、建築雑誌「a+u」元編集長の中村敏男氏に偶然にもロサンゼルスで出会ったことがある。氏はいつものように建築家を訪ねる途中であった。建築がいかに建築家の原体験から触発啓発されるか、あまたの建築家を訪ねた感想を述べていたが、ミースの場合、それが石であり、煉瓦なのである。

時代というコンセプト

ミースの石での原体験はそのまま「建築の時代性」を解く重要な手ががりにつながっていく。それはミースが生まれたドイツのアーヘンのパラチン礼拝堂にあるといわれる。この大聖堂はビザンチン様式の上にロマネスク様式が継ぎ足されて造られている。その石積み様式の違いは、各々の時代が生んだ革命的な建設手法の違いである。この新たな建設の技術は新たな様式を生み、新たな建築表現を生み出す。そうであるならば、いつの時代でも、何が時代の建築表現を変えるか、ミースは住んでいる生活環境の中で見知っていたことになる。

少なくとも、われわれ日本人の生活環境の中には、日常的にこの建築様式の変化を認識・識別させる建築は存在しない。建築において、木の文化と石の文化の決定的な違いはここにある。しかし、もし住んでいる街に日常的にその違いを見ていれば、建築家の役目が何であるか、建築の時代性を知るのは当然であったろう。まして石を扱う家庭環境で育って潜在的に石へのこだわりを持つミースにとっては、ことさらである。歴史的な石積み様式の変化は、キリスト教徒がさらなる光(神の光)を教会の中に採り入れる技術革新の成果であったことを知っておいてほしい。

最初に、石積み方式によって窓を開け光を入れる。その石をアーチ状に積み上げ、次に石壁に柱を入れ込めば、教会の光の窓はさらに大きくなり、神の光をより多く採り入れることができる。この石積みと光採りの建設革命がビザンチン様式とロマネスク様式の違いであり、つづいてゴシック様式に進むのである。この石造りの革命の裏に、人間の欲望、もっと多くの光を受けたい人の心と、神への厚い信仰があったことを建築史は教えてくれている。

建築が人のためにあり、人の要求に揺り動かされながら建築技術が発展し、新しい様式が生まれていく。ミースはその理由を知り、建築とは何かという命題を石造建築の様式変化から説いたのである。

大聖堂という建築物は時代の記念碑である。それに囲まれた生活は、建築が時代の象徴であることを知らしめる。象徴性を表す時代の力とは何か、時代を動かす社会の力とは何かと問うことは、建築家にとって歴史的に変わることのない役目、即ち、建築家の基本的な職能と理解したのである。仮に個人的な建物は別であるとして、公の場・公の建築は、その時代の象徴性を表してこそ、その役目を果たし得る。この建築における「時代というコンセプト」に到達する環境にミースは育っていたのである。

石造りの建築に対しミースは次のように述べている。「**千年もそのままだが未だ印象的だったし、何物もそれらを変えられなかったのだ。あらゆる偉大な様式が通り過ぎていったが、建てられた日そのままにそれらは残っている。・・・それらは本当に建っているのだ**」と。建築の永遠なる力が何であるか、ミースは知ろうとしていたのだ。

ミースの履歴書

自叙伝的にいうとミースは、19歳1905年に、郷里を離れ、文化、経済、政治の中心地ベルリンに行き、仕事を探すことになるのだが、最初は、建築ではなく家具や椅子の工芸家であるブルーノ・パウルの下で働く。この経験が後にミースの貧困時代を救う椅子の名作を生むのである。

ミースの故郷ドイツ・アーヘンのパラチン礼拝堂内部

「私は通常の建築教育を受けなかった。何人かの良い建築家の下で働き、何冊かの良い本を読んだ。それがすべてだ」とミースは自分自身を語る。

建築家ではなかったが、その何人かの一人がブルーノ・パウルであったことは想像に難くない。名工芸家との2年間の修業で、家具で扱うさまざまな木材の木地と素材の特質を知り、椅子の構造の細部が微妙な座り心地を生むことを学ぶのである。建築への世界的貢献より、一般的にミースを有名にしたバルセロナ・チェアーやブルノ・チェアーは、この経験から花開いたのだ。そしてごく自然に、家具や椅子が建築の空間と大きく関わり、建築様式と同じように、時代の表現として発達してきたことを覚え知ることになるのである。

ここでいう「何人かの良い建築家の下で」働くベルリンでの最初の建築家は、ピーター・ベーレンスである。当時、ドイツでは「セゼッション風装飾」が流行っていたが、ピーター・ベーレンスはドイツの伝統的建築、即ち「シンケル派」の継承者にして第一人者であった。ベーレンスの事務所にはル・コルビジエも席を置いたことがある。それより偶然だったのは、ミースの直接の上司がバウハウスの創始者ヴァルター・グロピウスであったことだ。

ミースの話によると、「何冊かの良い本」との巡り会いも、ベーレンス事務所で働き始めた初日に起きた。それは、ミースが使うことになった製図台の引き出しに残されていた宇宙に関する雑誌であったという。以後ミースは宇宙関連の文献に親しんでいくのだが、同時に哲学書を愛読するようになる。ミースの死後、残された膨大な蔵書は、シカゴ大学に寄贈され、保管されている。

ベーレンスの事務所は、公共建築だけでなく、電気会社の設計顧問をしていた関係で工場の設計も手がけていた。ミースは経験の豊かさを買われて頭角を表し、ロシア・ペテルスブルクに建てるドイツ大使館の現場を任された。建物はその性格上最も権威的であり、伝統を重んじたシンケル的であった。古典的なディテール展開であったが、ミースの努力で見事に完成を迎えた。

同じころ、ミースにもう一つの現場担当が回ってきた。それは、オランダに建つA.G.クレラー夫妻の住宅である。ミースが大使館の仕事で忙殺されているにもかかわらず、ベーレンスはミースにチーフアシスタント、施主と設計家の間を取りまとめる役目を任じたのである。新古典的なベーレンスの提案は、クレラー氏に納得されず、ミースは実物大の模型を現場に造り、施主の説得に努めたものの、不成功に終わる。しかし、ミースの熱意はクレラー夫人を感激させ、新たに、ミース自身の提案が求められたのだが、それも施主の意に合わず、実現しなかった。

しかし、クレラー邸のプロジェクトによってミースはオランダの滞在が長くなり、運命的にベルラーヘの作品に出会うことになる。なかでも、1909年に完成されたアムステルダム証券取引所に感激したのである。一見古典的に見えるが、その内部は鉄骨によって構造的に力強く表現されている。煉瓦で造られた建物は外部から見れば鐘楼を模した塔もあり、証券所としてよりも大聖堂のように見える。しかしいったん内部に入ると、大きな鉄骨の梁が力強く空間を支配し、天井のほとんどがガラスの天窓で覆われ、内部はまるで外部を思わせる明るさであった。

そして天窓を支える梁の支柱は袖壁から明確に突き出され、ダイナミックな内部空間を創る要素になっている。従来工法では天井の中に隠されていた鉄と梁が剥き出しになって、力強い建築の表現に変わっている。ミースはベルラーヘのこの大胆な建築的チャレンジに感激し、新しい建築への啓示として受けとったのである。

ミースは自身の感激をベーレンスに伝える。ベーレンスがその作品は「まったく過去の遺物だ」と話すのに対し、ミースは「現在にして未来に向かった建築である」と主張する。「私がベーレンスに対し『さて、ひどい思い違いがなければですがね』と言い返すと、彼の怒ったこと。私を殴ろうとするかのようだった」と述懐している。この恩師ベーレンスとの意見の対立を通して、石で造る見せかけだけの新古典主義建築がいかに時代錯誤の産物であるか、ミースを得心させたのである。

調べてみるとミースが住んでいたベルリンでは、1901年には鉄骨で組んだ高架鉄道が通り、その駅舎はガラス壁で覆われていた。1902年には、鉄骨で組んだ地下鉄の工事現場も見られ、その地下鉄は1908年に完成している。鉄骨とガラスは新しい建設現場では日常的に使われるようになっていたのだ。

フランク・ロイド・ライトの作品展

ミースの新しい建築への啓示は、一つはベルラーへの作品からだが、実はもう一つある。それはフランク・ロイド・ライトの作品との出会いである。1910年ミース24歳、ベルリンで見たフランク・ロイド・ライト展の感激は、身を震わせんばかりであったようだ。ミースはその時の衝撃をパーティーでもよく話してくれた。

「この偉大な巨匠の作品は、並々ならぬ力を持った建築の世界を、明澄な語り口を、そして当惑するほど豊かなフォルムを示していた。とうとうここに、建築の根源によって立った建築の紛れもない名匠が現れたのだ。真の独自性をもって、その造形を世に問うたのである。ここに再び、長い空白のすえ、真に有機的な建築が開花したのだ」

ミースは、アメリカから来たフランク・ロイド・ライトの作品の中に、歴史や伝統という束縛から離れた自由な建築的表現を見い出し、そのオリジナリティー、つまり建築の独自性に感激したのだ。それは、ミースが携わっている新古典主義のように、歴史的な形態を世襲する伝統的な建築ではなく、建築は時代に沿って解体され、図面には、新しい時代の新しい生活を建築的に発展させる「建築家の役目」がはっきり示されていたのだ。

ライトの建築形態は、伝統を世襲する折衷主義を継承するのではなく、時代の「オートノマス＝自律した」建築であるべきこと、即ち、建築は新しい社会体制が方向づける創造性においてのみ造られるべきだと、直截に語っていたのだ。

ライトの作品には自由な平面と自由な立体化があった。そこには、歴史に縛られない「アメリカの建築家」からの重要なメッセージが込められていた。文明としての建築は、長い建築史が語るように、過酷な自然条件を克服するために、石や煉瓦で堅固に造ることで住空間を守ってきた。そんな旧大陸の伝統的な守りの姿勢を突き破り、むしろ自然に向かって解放していく人間本来の建築へ、決定的な方向転換を迫る啓示であったのだ。「建築の解体」とは歴史と伝統の呪縛から解放するだけでなく、人間の解放も意味することを知らされたのである。

文明は大きく目の前で変わっていた。船は大海を渡り、汽車は大陸の都市をつなぎ始め、自動車も馬車に替わって走り始めていた。地下鉄も通り、飛行機すら空を飛び始める中で、建築だけが歴史的な呪縛から逃れることのできない矛盾にミースはこの時点において気がついていたのである。

ミースの創作活動の信念

ミースが参戦した第一次世界大戦は、1914年に始まり1918年に終わっている。そして、ドイツは敗戦国となった。ミース32歳の年である。戦争は惨たらしいことである。人は人の道を外し人を殺し、すべてを焼き尽くし、都市を壊滅させ、その歴史的文脈を根こそぎ壊そうとする。その狂気的な行動と混乱に人は絶望し、人として深く傷つくのである。

しかし、戦争はまた、一つの社会体制の臨界点でもある。それは、今までそこにあった旧体制の終焉を意味し、新しい社会体制の黎明期を迎える。そこでは、新しい社会の在り方が模索され、新たなエネルギーが湧き起る。芸術の分野にも新しい理念に基づく新しい形態観念が芽生え、活気ある社会・芸術運動が始まる。その新しい運動はやがて、大衆の支持を得て次第に社会の中で実践されていく。

ミースの建築界も活気ある動きを見せ始めた。その動きは多岐にわたっていたが、新しい時代に向かい「歴史的な束縛から解かれ自律した建築を目指す」という点では、共通する創作目的を持っていた。ミースにとって自律した建築とは何か。それは後に述べる「社会の要求を建築の空間に翻訳する」という命題を建築課題にし、それを解く作業であった。

資料によると戦後のミースは、一建築家として住宅設計と競技設計に励みながら、若き同志と社会活動を通じて互いに刺激し合い、新しい建築の課題に向き合おうとしていた。

ミースは、大戦直後に結成され近代芸術運動の中核をなした「11月グループ」（ドイツ共和革命の日にちなんで命名）に所属し、かつ他のグループとも連携しながら、さまざまな方法によって近代芸術と近代建築の在り方を模索し、社会的にアピールしようと努めていた。

「11月グループ」の一員としてのミースは、1921年から5年間におよぶ同志の作品展を指揮し、自身も作品を発表した。これから取り上げる「ガラスタワーの第二案」と「煉瓦造田園住宅の計画案」および「コンクリートのオフィスビル」等は、その作品展に出品するために制作されたものである。習作ともいえるこれれら作品群はミースの近代建築の課題をまさに決定づけ、新しい建築言語の源となるものであった。

1923年には、デ・スティル派の前衛的抽象映画作家と共に、雑誌「G」（Gestaltung＝創造）を創刊した。1924年の第3号には、雑誌のGマークと共にガラスタワーの第二案がその表紙を大きく飾り、これにつづく一連の発表は、ヨーロッパの建築家たちから大いなる喝采を受け、「建築家の建築家」として一躍注目を浴びることになるのである。

近年になってミースの回顧展がしばしば開かれるようになり、歴史家の眼を通して、ミースのいう「良い本」のリストが明らかになってきた。それらは、当時の時代背景を強烈に見せてくれる。当時の状況からして、ミース自身が対話できる相手は書物であって、それを辿るとミースの読書が見えてくる。読書こそ、ミース自身の「自律する建築」を創造していく上で、かけがえのない相談相手であり、また創作の方向性を示唆してくれるパートナーであった。

歴史家フランチェスコ・ダル・コォは「ミースの読書」から神学者ロマーノ・グァルディーニのコメントを取り上げている。ミースの道しるべがこんなところにもあったのかと感激して読んだ一節である。

「ひとたび近代思考が、概念的で数学的な思考が広まりだせば、そしてひとたび近代技術が製造業の一部となれば、この抽象的な資質は決定

的に他を圧倒してしまう。決定的な方法で、われわれの宇宙への関係、われわれの進路を決め、それ故われわれの実存をも決めるのである」

このグァルディーニによる近代技術への確信と予言は、ミースの判断通り、近代社会の産業構造を決定づけ、われわれの生活自体を革命的に変えた。ミースはまた、オスヴァルト・シュペングラー＝ドイツの哲学者の著書『西洋の没落』を読んでいる。その本には「世界の諸文明はすべて誕生、発達、熟成、没落という段階的進展をする」とした上で「西洋文明はすでに没落に入った」と書かれている。

このように「良い本」に出会い、激励され戒められながら、ミースの創作活動は進められたのだ。グァルディーニで得た「ひとたび近代技術が製造業の一部となれば、この抽象的な資質は決定的に他を圧倒してしまう」という一節は、ミースがなぜテクノロジー＝科学技術に執着し、後に述べるエンジニアリングの建築的課題に取り組んだのかを教えてくれる。

シュペングラーの『西洋の没落』をどう読んだか。ミースは、西洋建築の形態が単に伝統を世襲する折衷主義にとどまっていることに「西洋文明」の危機感を抱き、時代の自律した建築への方向転換による再生こそが急務であると認識したのであろう。それは、建築の役割とは何かを問いつづけるミースにとって、まさに貴重な一冊であったに違いない。

創作活動の態度

大戦後の混乱期に「11月グループ」に所属し、創作活動を始めたミースだが、その創作態度は一つの信念に貫かれている。それは「社会に対する客観性」である。つまり、観念的に陥ることなく、常に社会に対する建築の役割を問いつづけ、建築の社会的課題に立ち向かう。この建築への客観的な創作態度こそが、ミースの作品を読み解く重要なポイントである。

指導の際、われわれによく話す「思い違いをしないように、また見誤らないように」という言葉にこそ、ミースの徹底した客観性が見て取れる。その客観性は、設計を進める手法そのものであり、スケッチは描くがその図面に基づくスタディー模型の検討がないかぎり、図面化しない。スタディー模型の検討は、そこに見える課題を徹底的に観察し、解決を導き、先に進む方法である。事務所では、例えタイルの一枚の収まりについても、スタディー模型の検討がすまないうちは図面化はしなかった。

私は、1963年、ベルリンに建つニューナショナル・ギャラリーの五分の一の柱模型を上司に命じられて造ったことがある。指示された寸法を基に、木製で形を造り黒ペンキを塗って、製図机が並ぶ事務所の一番後ろの壁の前に立て掛けた。当時ミースは高齢のため足を悪くして、車椅子で事務所内を動いていた。完成を待っていたのか意外に早く見に来てくれた。長い時間をかけて模型を一巡して見たものの、一言も残さず去っていく。何日か経ってまた見に来たが、その日も何も言わずに去っていった。

その柱は、四つのT型のフランジを手前にして十字型を造った垂直の柱であったが、数日後、上司から呼ばれ、上にいくほどいくらか細めになる同じ十字型の模型を造るように指示された。それを見に来た時も、何も言わずに去っていった。今度は、二本目の柱を前の柱から少し離れた所に並べ、何日もそこに置いた。最終的には、垂直な十字型の柱が採用されたが、「思い違いをしない、見誤らない」とするミースの厳粛なまでの客観的創作態度をそこに見た思いであった。

一本一本の模型の柱を見るミースの態度、その創作態度にどれほど感銘を受けたことか。あくまでも全体のなかの部分であるが、部分を見るミースの態度は、そのまま全体と結ばれ、そして有機的に結実していく創作の過程でる。ミースのオフィスで創作を共にし、幸いにも共有できた創作の静寂なまでの緊張感は、私にとって、これ以上はない貴重な経験であった。

おそらく、それがミースの創作活動の態度であり信念である。その長い自問自答の時間の繰り返しによって「完全な形態」を創り、数多い建築の傑作を生んだのだ。

第2章 作品の時代

二次元から三次元へ
そして四次元の建築へ

1923年、ミースは講演論文「建築と形についての警告」を発表する。ここには一連の創作活動を通じて自律的建築に向かうミースの基本的立場が明確に述べられている。

「われわれはすべての冥想的な美、すべての学説、すべての形式主義を否定する。建築とは、時代の要求を空間に翻訳することである。それは、いま生き生きとあり、新しく変化していくものである。昨日でも、明日でもなく、ただ今日だけが形をつくる。この種の建築だけが創造的なのである。・・・」

APHORISMS ON ARCHITECTURE AND FORM

We reject all esthetic speculation, all doctrine, all formalism.
Architecture is the will of an epoch trasnslated into space;
living, changing new.
Not yesterday, not tomorrow, only today can be given form.
Only this kind of building will be creative.

ここでミースは「建築とは、時代の要求を空間に翻訳する」ことであると宣言した。このように建築概念を成文化することによって、歴史的な束縛から解放された「新しい社会秩序に基づく自律した建築」を目指したのだ。そして、建築家の役割である「時代の要求を空間に翻訳する」作業に取り組んでいくのである。

これから取り上げる作品群は、まさにミースの建築家としての役割を例証するものである。つまり、二次元的に創作された平面を、三次元的な模型によって検討し、さらに「時代の要求を空間に翻訳する」操作により、四次元的な設計概念を作品に明らかに落とし込む。このプロセスから生まれたのが、ミースの建築言語である。

事務所の心地良い空間

ミースの革命的なガラスタワーの提案は、1921年、ベルリン中央のフリードリッヒ街の事務所ビルのコンペの参加によって生まれた。作品は木炭画の透視図によって、天に向かって突き立つように描かれている。20階建てのスケッチは、ふりそそぐ光をクリスタルなガラス面に

フリードリッヒ街事務所ビル　1921年

反射させ、黒い濃淡によって建物の高さを強調している。平面図を見ると、三角形の敷地に、有機的な三角の形態が展開している。

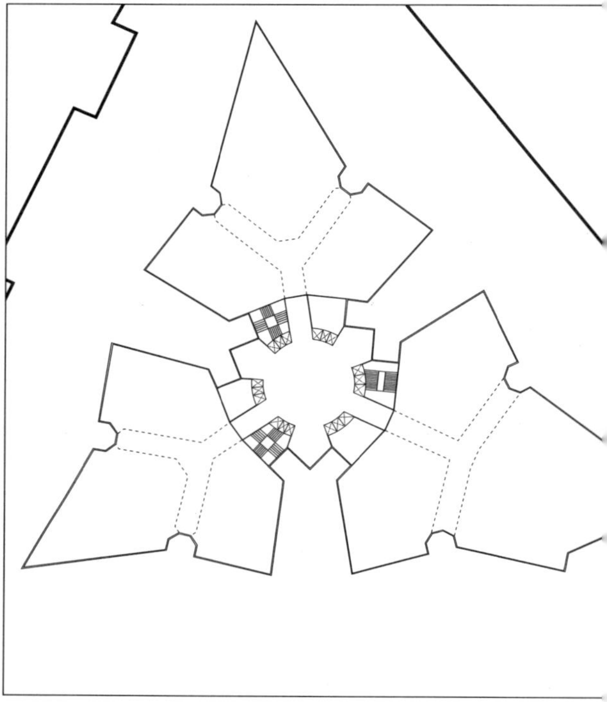

フリードリッヒ街事務所ビル：平面図

当時ドイツでは、前述通り、地域的にセゼッション風の華美な装飾スタイルと、古典的重厚さを是とする折衷主義が建物の主流を占めていた。しかし、ミースは「すべての形式主義を否定する」自律的建築を標榜する立場を貫くのである。

ミースは、装飾でもなく折衷でもない、事務所で働く人にとって「心地良い空間」とは何かを模索し「ガラスタワー」を設計した。19世紀において建築の主題は、すでに事務所建築に移っていたにもかかわらず、建築界はいまだ事務所建築の要求に本質的に応えていなかった。そんな時代に、ミースは「ガラスタワー」を提案したのである。

ミースの提案を見ると、通常あるべき柱が平面図に書かれていない。なぜなら、それは事務所空間が平面的にどうあるべきか問いかけた作品だからだ。つまり、事務所空間がいかに働く人のためにあるべきか、どんな機能がその平面を決定づけるのか、解くための提案であったからだ。それは、「時代の要求を空間に翻訳する」という建築目的に沿って設計された。この場合、「時代の要求」とは、「自然光を事務机の上に十分採り入れ、事務員が心地良く働けること」であった。

柱が書かれていないもう一つの理由は、机を自由にレイアウトできる柔軟な空間を提示したかったからである。さらに提案は、エレベーターまわりに三方から光を採り入れ、ロビーから外界が見渡せるようにしている。同時に、他階へとつながるロビーは、働く人々の社交場としても設計している。

事務所にとって、内部空間の柔軟性の確保は、市場動向によって組織変更を必要とする今日的な課題である。それは、机のレイアウトをいかに自由にできるか、事務所建築の一つの評価基準になっている。すでに1921年にして、ミースは内部の可変性の重要性を予測し、壁を図面上に点線で示している。この作品が、「働く場」である事務所建築の本質的な課題、つまり「空間の柔軟性」と「人間的な労働の場」の実現に向けて、いかに前衛的な提案であったか、驚くべきものがある。

北の都市ベルリンは、太陽が雲に隠れ、わずかな光が雲の合間をぬけて射す寒い日が、初秋に始まり春遅くまでつづく。太陽の光を求める住環境へのこだわりは、われわれが想像する以上に強く、光あふれる生活は住まう人たちの夢である。

私は1980年ごろハンブルグで、小さな2階建ての事務所と倉庫を設計したことがある。倉庫は、厚い煉瓦を裏と表に二重に積み、分厚い断熱材を挟み、零下10度Cに耐える設計にした。事務所は、自然光がほしいという要望で天窓をつくり、広いガラスの窓を取り付けた。この地の建物は日本のように軒がない。横から入れる光よりも、むしろ上から差し込む光を好むからだ。

建築史的にみれば、ヨーロッパのガラス建築は、19世紀に貴族の館の付属施設、富みの象徴としての温室建築から始まる。1851年、ロンドン万国博の「クリスタル・パレス」はそのスピーディーな組立技術によって社会的に大いにアピールしたが、建築材料としてのガラスは、ベルラーヘの作品が示すように、その特徴である光の透過性により、建物の天窓に広く使われていた。またベーレンスが示すように、工場において機械の手元を照らす外装材として使われていた。ガラスは、公共建築の、表ではなくむしろ裏で使われる材料に留まっていたのだ。

そのガラスを、外装材として、一気に表に押し出したのがミースのガラスタワーの作品である。ガラス建築に潜在する組立技術の敏速性と優れた工業性に着目し、事務所建築に提案したのである。

たしかに、同時代の建築家もガラス素材を使っている。だが、ブルーノ・タウトの「アルプス建築」に代表されるように、ガラスは冥想的、かつユートピア的に取り扱われていた。しかしミースは、そのような冥想的な扱いを否定し、あくまでも事務所の住環境を明るく「心地良く」する材料として捉え、ガラスを使用したのだ。

ミースの「ガラスタワー」も、この段階では、気候条件を克服する冷暖房の細部は、他の科学技術の発展に依存せざるを得ない。だが、働く人々が求めていた事務所空間を平面的に解決し、材料として伝統的な煉瓦や石に替わり、もろいが透明性のあるガラスを使った提案は革命的であった。ここでは、建築の設計概念を真正面に出し、ガラスが建物の表皮たり得ることを立証しようとしたのだ。

写真
ガラスタワー　1922年

Digital image©2002, The Museum of Modern Art, New York / Scala, Florence

設計は20階建てで、基準階の平面図をよく見ると、面白いことにエレベーターの大きさがかなりまちまちに書かれ、エレベーターが階段より小さい。つまり人はエレベーターより階段を使う優先順序である。世界最初のエレベーターは、1851年のロンドン万国博に展示されている。20階まで歩いて上がるとはミースも言ってはいないだろうが、当時ベルリンでは、正確に図面化されるほどエレベーターは普及していなかったのだろう。現在は、エレベーターのある4階以上の建物では、住人はエレベーターを利用し、階段はその後ろに設計する。

ドローイングの「ガラスタワー」の提案は革命的な価値はあったものの、材料の性格とその工法を解く建築的な課題は未解決のまま終わった。

図面
ガラスタワー：平面図

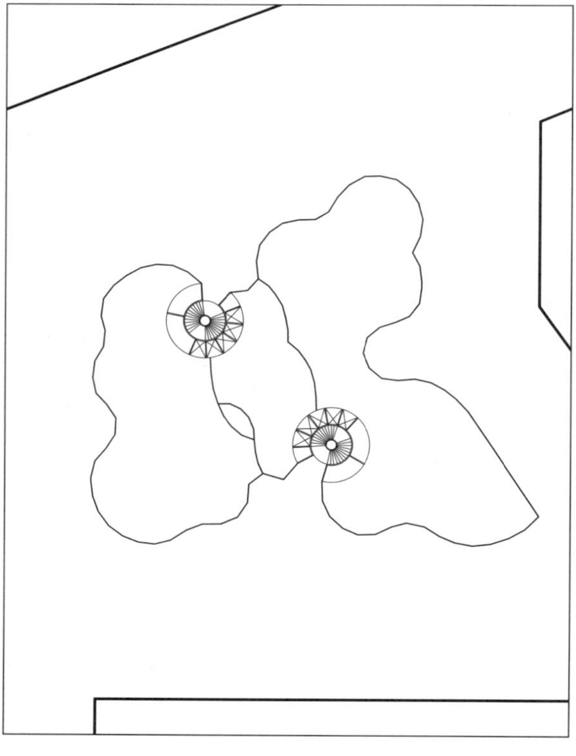

反射という建築言語の誕生

1922年に発表された「ガラスタワーの第二案」は、第一案が「事務所建築の柔軟性とガラスを外装材として使った平面的な展開」いわば、建物の内側の問題と外皮の問題をドローイングで示す展開で終わっているのに対し、第二案は、その作品を踏まえて、外装材としてガラスの建築的課題がどこにあるのか、材料の特性は何か、それを見極める作業になった。

ミースは工業製品化されたガラスに建築材料として興味を持ち、その資質を明らかにし、建築化することを試みたのである。木炭画で描き出された机上の建築を、実際に模型化し、建築的にどう扱い、どう形態化すればいいか、解明しようとしたのである。

具体的な作業としては、細工用の粘土を使って土台を造り、その構造上、力を受けられないガラスを外周壁にするため、もろいガラス板を細いサッシュサイズに切り、上部を最上階の屋根に吊るし、下部を土台に刺し込み、建物を囲い始めた。その切片を並べるうちに、ガラス面に見せる光の反射が、反射する面と反射しない面を交互に造ることによって、反射する面が反射しない面によって浮き立ち、建物の「高さたる立体性」を表すことが分かってきた。

つまりサッシュサイズのガラス面が、線状に映す光の反射によって、反射しない面と対照を成す。反射する「立体的な面」が建物の高さを表現する。反射する面と非反射面を交互に造ると、凹凸のある平面が生まれた。その形状に沿って、内部空間に満足すべき空間操作を施したところ、広い雲型状の平面が創られたのである。

これは模型の検証によってのみ把握できたガラスの特性である。即ち「透明性」に隠れたもう一つのガラスの特徴、「光の反射」が建築的な表現要素になることが明らかになったのである。これは、まさに歴史的発見であった。「光と影」というエジプト時代からつづく石やコンクリートによる形態表現に加えて、ガラスの「反射」が形態表現として成立することを見つけたからだ。ミースはガラスとの出会いで「反射という建築言語」を新たに獲得したのである。

「私はガラスを使う時に、広大で単調なガラス面の反射が強くなりすぎるのをなんとか避けたかったので、ファサードに少し変化をつけ、クリスタルかカット・クリスタルのように、光が異なる角度でファサードに当るようにした。あれは、ベルリンのオールド・タウンホールに展示されたコンペ用だった。私のデザインは、ジョークだと思われたらしく、暗いコーナーに押しやられた。そこで私は、できるだけガラス面積を減らし、一連のガラス片を光に対して調節したあと、水平な塑造用粘土に納めた。あのカーブはこうしてできた。アルプ（Arp）からとったという声があるようだが、実は彼とはまったく関係がない。私には表現派的意図などなく、骨組を見せたかっただけだし、それならガラスで覆うのが最善だと考えた」と述べるミースの言葉には、第一のコンペ案から第二案に至る、「光の反射」による造形的な創作過程が述べられている。

アルプとは、彫刻家ジャン・アルプ（1886—1966）のことで、雲型状の抽象作品で知られる現代彫刻の代表作家である。批評家がアルプの雲型状との類似点を指摘するのに対し、ミースはこれを否定し、ガラスの材料の建築的な表現特性「光の反射」によって独自に導きだされたものであると断言しているのである。

この「ガラスタワー」第二案目は、仮想の敷地に建てられている。しかし木炭画の第一案が20階建てであったのに対し、第二案の模型写真の階数を数えると、30階建ての超高層に建て増しされている。敷地こそ仮想とはいえ、ヨーロッパの都市中心部に建つ大聖堂を模し、周囲の低い建物に対比させ、象徴的に高く見せている。ミースはガラスタワーが「時代の象徴＝シンボル」となることを予測し、「高さ」と「ガラスの透明性」を誇らしげに提示したのである。

平面図には、明確なリング状のエレベーター・コアーが二つ、ガラスの反射から導きだされた雲型状の外壁に同調するかのように、両側のウイングの接点に対称して置かれている。そのリング状のコアーにエレベーターと関連諸室が取り付き、中心に回り階段が設けられている。エレベーター・ロビーには両方向から光を採り入れるが、外部と内部を視覚的に一体化する狙いは第一案と同じである。

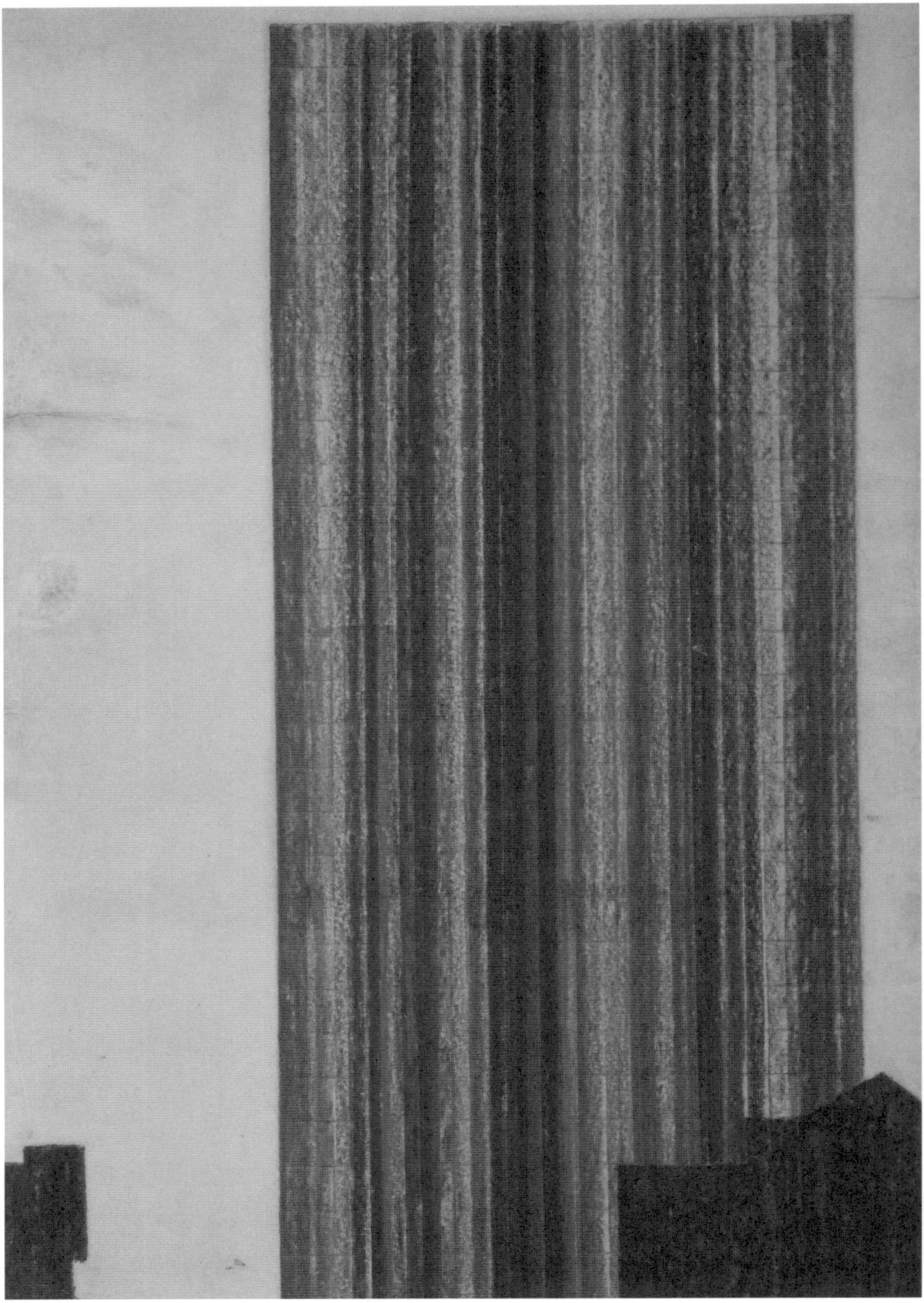

この平面図にも、事務所の可変・柔軟性を示すために、柱はどこにも書かれていない。しかし模型写真をよく見ると、雲型状の床は、その先端部をキャンティレバー状に柱から持ち出しガラスを受ける、カーテンウォールの原型をすでに示している。

ミースが「骨組みを見せたかった」という設計意図は、ガラス越しに柱が見え、成功している。「光の反射」は、模型とは別に、反射面と非反射面を線状の濃淡で示す木炭画によって丁寧にトレースされ、新しく見出されたガラスの「反射という建築言語」として明解に描き出された。そしてこのドローイングが前述の通り、雑誌「G」1924年第3号の表紙を飾ったのである。

解体と再構築への道——煉瓦造田園住宅の計画

新しい社会の要求に応える空間造りは、伝統的な煉瓦建築をも新しく蘇らせなくてはならない。その手法は、新しい建築の設計概念によって、古い理念を解体し、根本から材料そのものを生まれ変わらせることである。それはたとえば、大木が枯れ、倒木から新たな芽吹きが起こる自然界の摂理と同じであろうか。

ミースと煉瓦の関係は、第一章でも述べたが、深い関係がある。少年時代、建築を学び始めていちばん最初の材料が煉瓦であった。とりわけ、建築の基本ともいうべき「積み立てて創る」精神を学びとったのも煉瓦を通してであった。

「われわれは一片の煉瓦からも学ぶことが出来る。なんとこの小さい形は賢く、どのような目的にも使われ、結ばれ、そのパターンと模様のなんと理論的であることか。その単純な壁面の素晴らしさ。しかし、この材料はなんという努力をわれわれに求めてくるだろうか」。そしてミースはこうつづける。**「二つの煉瓦が注意深く置かれるとき、建築は始まる。建築は文法の規律を持っている言語である。言語は、散文のように、日々日常の目的のために使われ得る。そして本当に良ければ、われわれは詩人になれるのだ」**

ガラスタワー：
木版画による立面図
1922年

Digital image©2002, The Museum of Modern Art, New York /Scala, Florence

1923年、ミースは、一方では伝統的な手法で四角な実践的な煉瓦住宅を設計しながら、他方、新しい煉瓦造田園住宅を「11月グループ」の展示用に制作し発表したのである。

この作品もまた、敷地も施主も特定されていない試作の延長上にある習作なのだが、ライトが1904年に設計し、1910年ベルリンで開かれたフランク・ロイド・ライト展にも出品された「マーチン邸」が下敷きにされたといわれている。

マーチン邸には当時ヨーロッパにない「自由な世界」が設計されていた。母屋から離れた長い回廊でつながる温室、庭の中に延びる吾妻屋風の食堂など、家族が敷地いっぱいの自然を自由に楽しむ生活が、住宅全体にデザインされていた。ライトの手で、建築は「自然から守る」器から、「自然に向かう」器に解体され、敷地全体に「人間的な世界」「自由な世界」が創られていた。

ミースの煉瓦造田園住宅の図面には、住宅の設備器具も家具の配置も書かれていない。方位もない。ただ煉瓦壁が空間を分節しているだけである。しかし図面をよく見ると、中央に幅広い壁が置かれている。その大きな窪みを暖炉と見立てれば、そこが居間と読める。食堂と厨房をその後ろに、そして居間につづく所を書斎とする。さらに後ろに延びる居室が寝室とそれに付属する水周りであることが読める。

図面いっぱいに延びる長い3枚の煉瓦壁は、住宅の方位からいって、居間と書斎の間に一つあり、田園の南に向かって突き出ている。もう一つの壁は、食堂ともデンともとれる居間の後ろの部屋から東に向かって延び、居間と寝室部分を分節している。最後の壁も、書斎の前から西に延び、建物全体の前後を分節している。その三つの壁は、まるで風車の羽根のように住宅の中から広い田園へ、また田園から住宅の中へ、それぞれの方向から生き生きとした壁になって貫入し、自然を目いっぱい建物に近づけている。

分節する壁の構成は、内部を開いては閉じ、閉じては開く、空間のシークエンスによっていたる所で演出されている。そのシークエンスは外部の気ままな自然と戯れる内部空間に淀みなく分散し、外部と内部を一体化している。ここで明白なのは、煉瓦で造る伝統的な四角い建

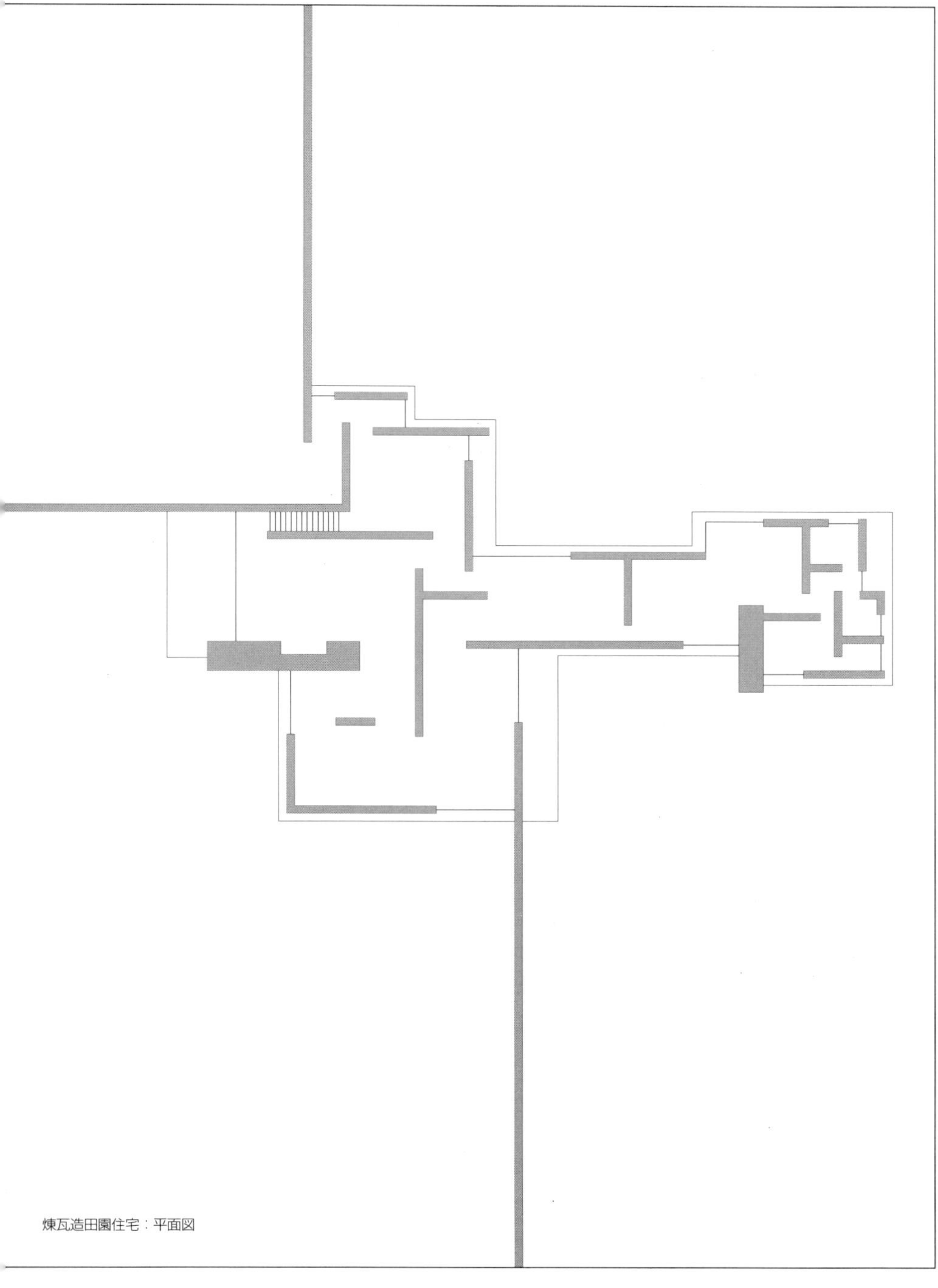

煉瓦造田園住宅：平面図

煉瓦造田園住宅：
立面図　1923年

Digital image©2003, The Museum of Modern Art, New York /Scala, Florence

物の面影はまったくなくなり、決められた廊下幅とか閉じられた部屋とかいう、従来の計画学は完全に消滅していることだ。部屋の広さは、回遊する内部空間の意味性の比重によって決定され、それぞれの空間の大きさは、自然との関係で、内部も外部に、外部も内部に関わりながら存在しているのである。

この田園住宅の図面には、ライトがマーチン邸に設計した温室も吾妻屋も描かれていない。しかし田園の中に延びる壁の向こうにそれらのすべてが暗示されているのである。

ミースが煉瓦でこのようなダイナミックな空間造りに挑戦した理由は何だろう。それは、大衆が最も使う煉瓦建築を解体し、新しく再構築することによって、自然を楽しむ田園的空間、さらに超えて宮殿的空間さえも、大衆化できることを示したかったからだ。それはまた、その手法こそ違うがアプローチは「ヴィラ・バルバロ」の田園に放つ、

離宮の趣きを彷彿させる。ミースがよく話す「ルネスサンスの建築にこそ創造性があった」という、ルネスサンス期の建築家パラディオの作品である。

歴史的に見ると、ミースの煉瓦建築における「解体の作業」は、デ・スティル派を創設したテオ・ファン・デースブルクにその出発点があるといわれる。しかし私は、その是非論をする前に、杉本俊多氏の労作『バウハウス　その建築造形理念』の一節に耳を傾けたい。ミースの思考と作業の造形上の動向を知る上で、われわれが知って置かなければならない貴重な研究成果がここに示されているからだ。杉本氏は次のように述べている。

「18世紀末はニュートニズムの科学思想が色濃く芸術作品に表された。当時の建築家は建築を構築理論の静力学的システムにおいて造形していた。この形態システムに代って、20世紀の形態システムは動力学的になる」

この造形理念は、ミースによって一度も説明されていないが、煉瓦造田園住宅を含む一連の創作作業に目を注ぐと、ミースの造形理念の根幹に「動力学的」な形態システムが深く関わっていることが分かる。

ミースはなぜ、平面においても、建築形態の造形においても、「動力学的」形態システムを求めていたのか。それは「建築とは、時代の要求を空間に翻訳することである」という設計概念に確信をもっていたからだ。その時代思想の流れを理解するには、統制できないほどに強烈な大衆の意志の力を見なければならないし、事実、ミースにはそれが見えていた。その力を作品に表したのだ。それはまた、ミースの周辺で活躍していた画家や彫刻家が創る同時代の作品を見れば一目瞭然である。

ミースは、日常的に使う煉瓦を、その動力学的な形態システムによって解体した。伝統的な四角の形態を解体し、時代に適う材料として蘇らせたのである。そして、煉瓦造田園住宅の細部につくられた空間操作「壁のずらし」の手法は、机上のものから、バルセロナ・パビリオンの空間シークエンスの展開につながり、さらに新しい空間概念「回遊性のある空間」造り、つまり「空間を有機的につなぐ」新しい建築言語として、内部空間はもちろん、建物をつなぐ外部空間、さらに都市空間へと発展していく。

第3章
解体と再構築の実践

バルセロナ・パビリオン――フリースタンディング・ウォールの誕生

ミースにとってバルセロナ・パビリオンの設計は、経済的な制約はいくらかあったものの、第一次大戦後つづけられてきた机上の建築作品を総括し、実践するこの上のない機会となった。世界万国博は、どの国も国の威信をかけて参加する。それは、工業国としての成熟度を示す国際的な行事であり、展示される物品もその展示場の建築もその国の産業レベルを世界に示す見本市であるからだ。

1929年のバルセロナ万博には、ドイツ政府は10の展示と270の各種製品・産業用の陳列ブースをもって臨んだ。その中には色ガラス、サッシュ等建設材も含まれていた。その展示のすべてが美術監督リリー・ライヒ女史の下で準備されていた。リリー・ライヒ女史とミースはドイツにおいて、いくつかの産業関連の展示作業を共同制作していた。二人は互いの才能を認め合って、単に製品を展示するだけではなく、展示場全体を一種の建築空間にまとめてしまう展示方法を打ち出し、輝かしい業績を残していた。ライヒ女史にはミースにはない織物に対する抜群の素材感と色彩感があり、他方ミースには、ライヒ女史にない建築的な空間造りの才能がある。その二人の異なる才能が融け合って、新しい展示空間を産み出していたのである。

リリー・ライヒとの出会いも、ミースのいう「何人かの良い建築家の下で働く」重要な機会となった。ミースの建築に優しさが生まれ、次に述べる、同時期に設計が進められたトゥーゲントハット邸にその影響を色濃く見せている。とくにこの時期に設計された椅子のデザインは、その色と材質感の創出に女史の影響が大きく見受けられるという。

プライベートな話はめったにしないミースであるが、資料によると、1913年ミース27歳、第一次大戦に参戦する1年前になるが、ある裕福な実業家の娘と結婚し、三人の娘の父となっている。しかし1925年に協議離婚し、その後二度と結婚しなかった。しかし、この共同制作時には、ライヒ女史と同じアパートに暮らし、生活上でも良きパートナーであった。

博覧会の計画では当初、開催国の王を始めとする要人を迎える公式レセプション用迎賓館の建設は予定に入っていなかった。しかし、他の諸国がこのような施設を建設しているのに刺激され、ドイツ政府も1928年末にその建設に踏み切った。そして、美術監督であるライヒ女史はその設計を全面的にミースに依頼した。

実はパビリオンの設計コンセプトについては、鋭い企画力と客観性によって、ミースはすでに思い巡らせていた。パビリオンを「王を休ませる館」とした単独プログラムで設計するのではなく、博覧会場全体のプログラムから編み出そうとしていたのだ。しかもそれは、前述した煉瓦住宅を解体したように、今度は、歴史的な石の建築文化を解体し、近代建築の建設技術をもって一つの作品に収斂させる設計コンセプトであった。それは同時に、建築と芸術の関係をも、時代的に再構築する作業であったのだ。

それを達成するために、万博という大観衆が集う喧騒極まりない会場にあって、パビリオンの役割が、どうあらねばならないか問いつづけたに違いない。そして、設計コンセプトとして、会場全体の騒然たる無秩序に対し「静的な秩序ある空間」を提供すべきであるとした。この企画に沿って眺望のある敷地が選ばれ、万博会場とまさに相対峙する、癒しさえ感じさせる静寂な休憩空間を設計したのである。

この設計プログラムは、ギリシア時代からの「建築文化の目的」に沿いながら、同時に、ミースが後年関わることになる、グロピウスが設立した「バウハウスの創設精神」にも相通じていた。

つまり、建築独自の技術的問題に加え「建築と自然」および「建築と芸術」という基本的な関係を、時代的な動力学的形態システムにどう移し変えるか、取り組む作業でもあったのだ。

万国博の建物は、恒久的な建物ではなく、閉鎖と同時に撤去しなければならない。そのためミースは、パビリオンのすべての骨体を工業製品を使って造った。柱は鉄骨材のL型鋼を十字型に組み立て、薄いクロームの被膜を巻いた。クロームに覆われた８本の光る柱は、秩序だった三つの柱間を２列に造り、四方にバランスよく持ち出された薄いコンクリート屋根を支えている。

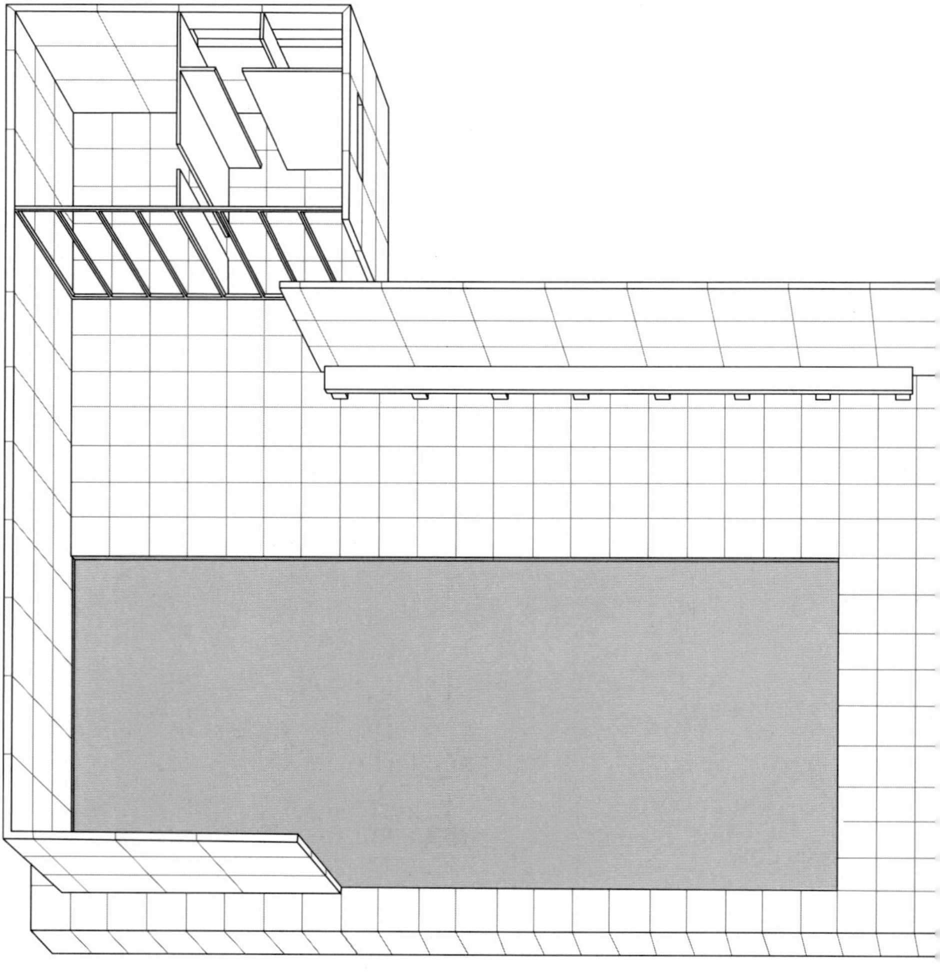

バルセロナ・パビリオン：平面図　1929年

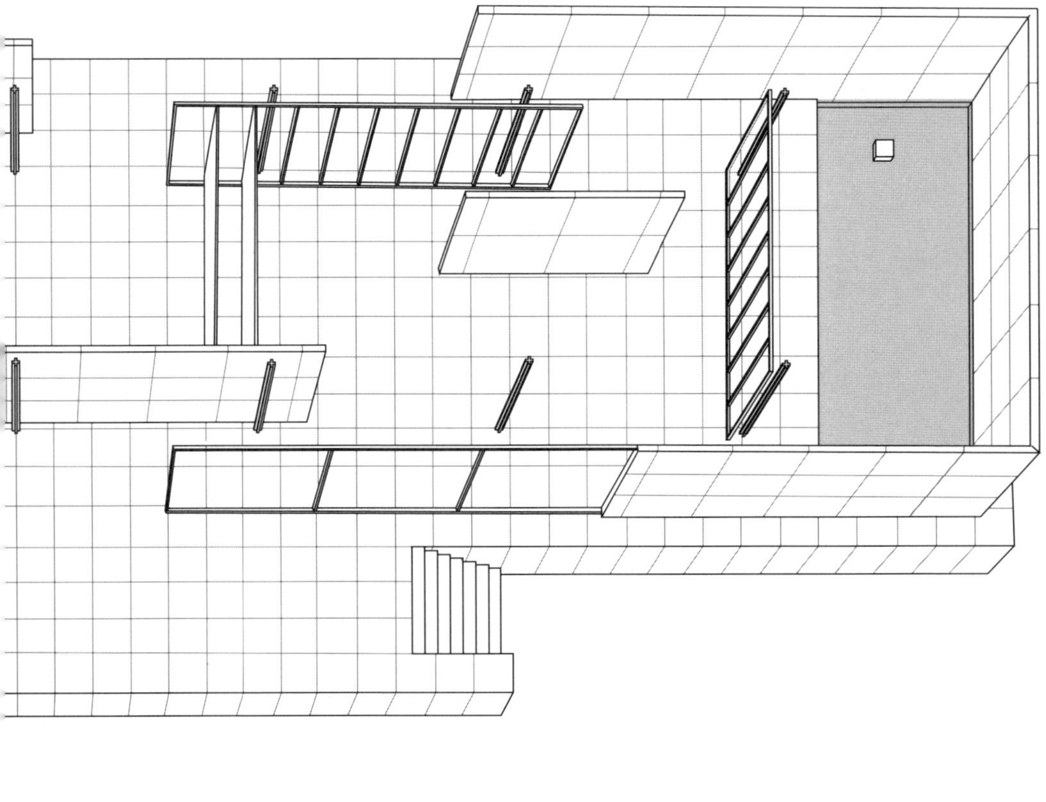

パビリオンは白いトラバーチンの基段の上に建てられた。基段の上の前後を、コートハウスの壁のように大理石の壁がその外周をなぞらえて囲い、喧噪な外部を遮断し、パビリオン独自の内部空間を擁護している。基段には、前庭に広がる泉に向かって階段が設置され、前面道路から迂回するようにアプローチする。

泉のある前庭から見るパビリオン

パビリオンの低い庇は深く、その天井と前面の柱からやや奥まった所にガラス壁を置きポーチ的な空間を造り、片方を塞ぐようにグリーンの大理石の壁が、柱から明確に外されて置かれた。その壁は、奥にある国王を迎える広間へ空間的にいざない、反対側に置かれた透明なガラス壁と共に、空間を一度細めそして開放する空間操作によって、広間を劇的に演出している。一方、透明なガラス壁はさらに、後方の緑の大理石の壁につながり、コートハウスの壁のように小さな泉を最終的に囲んでいるのである。

広間の中央には、ミースが惚れ抜いて石切り場から持ち込んだ、むしろその高さに建物全体を調節したといわれる、オニキスの大理石の壁が置かれた。ここには、石を知り尽くしたミースの建築の原点が示されている。国王が座する広間からは、ガラス越しにジョージ・コルベの彫刻が見える。後部の大理石の壁で造られた小さな泉に立つ作品は、

パビリオン全貌
Digital image©2003, The Museum of Modern Art, New York /Scala, Florence

いくらか頭を下げ両手を優美に開いて、パビリオンの屋根ぎわを空間的に支えている。「建築と融和した姿」でまさにそこに立っている。

内部のガラスの壁もオニキスの大理石の壁も、構造体から明確に外された「自由な壁」となって流れるような内部空間を創り、泉のある前面の広場から、王を迎える広間を通り、そして後部の小さな泉に回遊的な空間で導いているのだ。この「フリースタンディング・ウォール＝自由な壁」の成立を見つけた時の感動を、ミースは次のように述べている。

「ある夜遅くまでバルセロナ・パビリオンを考えていた時、フリースタンディング・ウォールのスケッチができた。ショックだった。それは新しい原理だと判ったのだ」と、ミースは珍しく興奮気味であった。ミースはここに、構造から解放され自由に操作することができ、空間の回遊性を自由に促す「壁」を発見したのだ。それは、建築史上、歴史的発見であった。

石の壁、脈々と流れる建築文化の中にあって、伝統的に屋根を支えてきた原始的な分厚い壁。その壁が、建築技術の時代的な発展によって最終的に構造的な制約から解放され、フリースタンディング・ウォールとして「自律した空間要素」となったのだ。ミースによって、また一つ、建築の技術革命がもたらされたのである。

バルセロナ・パビリオン＝迎賓館の果たす役割はただ一つ、開催国スペインの国王夫妻を迎え、ゴールデン・ブックに署名する儀式をとりおこない、公式レセプションを開催することであった。しかし、ミースは建築の新しいデザイン言語のすべてをこの小さなパビリオンに凝縮し、「石の感性」に「斬新な空間操作」を重ね、近代建築を芸術の領域まで昇華させたのである。

ケネス・フランプトンが『ミース再考』で触れている一節を読むとき、われわれはミースが、その石の建築文化が築いた建築言語を近代の工業技術と材料によって再構築し、新しい空間のシークエンスを「自由の壁」によって創ったことが分かる。それは「柱対壁、構築対非構築、不透明対透明、静対動、開対閉、そして建築対建物さえあげられる」というのである。そして、空間全体が「部分は全体に全体は部分に」関係しながら発展する、芸術の有機体にまで近代建築を高めたのである。

構造的に解放された自由な壁は、流れるような回遊的な内部空間を造る。しかし、平面をよく見ると、そこには「中間領域」が置かれている。その中間領域は、部屋から部屋へ必要に応じて浸透させ、そして不必要であれば閉ざす役割を果たすのだ。つまり、中間領域は、その距離によって必要であれば視覚的にも聴覚的にも関係づけ、また不必

コルベの彫刻を置いた中庭

要であれば、その関わりを否定する新しい空間構成を可能にしたのである。

全体は、柱によって大きく秩序を保ち、壁はあるところでは柱から完全に自律し、あるところでは柱と対比し、その柱と自由な壁の多様な絡み合いが、建築に新しい詩情感を滲ませたのだ。

地中海の強烈な光は、前庭の泉にギラギラと映り、その光は建物の白い天井とガラス壁にかげろうのようにゆらゆらと反射する。その光はやがて、秩序を示すクローム被覆の柱に、また自由に空間を分節する壁にかすかに反射し、静かな落ち着いた異次元空間を創っている。ここでは、支えている物が支えを見せず、囲う物が囲いを見せない未来の建築空間を予測させている。

ミースの貢献は、建築独自に新たな空間概念を誕生させたことにとどまらない。もう一つ、ジョージ・コルベの彫刻の扱いに見る建築と芸術の関わりにまで及んでいる。ミースは、芸術の独自性を尊重し、自律した要素として捉え、自律した建築と関係づける新たな方法を劇的に演出したのである。

広間に敷かれた分厚い絨毯の上に、恩師ブルーノ・パウルに教えられた「建築と家具の正しい関係」を示す家具がない。そこで、ミースはパビリオンの構造的特徴であるキャンティレバーの原理を家具の骨組みに応用して椅子を造り、その上に皮張りのクッションを載せた。これがいわゆるバルセロナ・チェアーであり、ミースはその一組を、建物の感性と共通する家具として置いたのである。

このパビリオンの展開は、ドイツ・ブースに個別展示された色ガラスやサッシュの建築部品の可能性を直接効果的に示す結果となり、展示品以上に社会的にアピールした。博覧会の目的をこの作品自体が、最もよく表し、その後の建築界に大きな影響を及ぼしたのである。

そしてスペイン万博から約半世紀以上過ぎた1986年、この鉄とガラスの「王を休ませる館」は、建築史の近代を画した一作として、また科学技術が造る建設芸術の証しとして、世界の強い要望を受け、同じ場所に同じ形で再建され、その価値を永久保存されることになった。

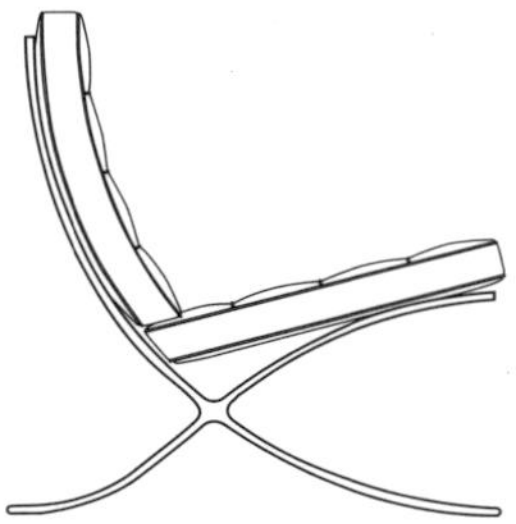

ミースは、万博会場のバルセロナ・パビリオンの開会式にシルクハットと燕尾服で身を固め、スペイン国王夫妻を迎えたのであるが、結局バルセロナ・チェアーは開会式に間に合わず、「実は誰も使わなかった」とのことである。

科学技術社会における居住環境——トゥーゲントハット邸

「われわれは住居に対して本当の要求が実際何であるか、はっきりと考えなければならい。われわれの居住環境において、実際のニーズと見せかけの根拠のない主張、真正な要求と不適切な供給との間に横たわる、今日の決定的な食い違いを克服することは、緊急の経済的課題であり、文化の発展の前提条件である」とミースは述べている。

トゥーゲントハット邸のプロジェクトは、バルセロナ・パビリオンとほとんど同時期に進められた。バルセロナ・パビリオンのプロジェクトが、建築学として「フリースタンディング・ウォール」を誕生させ、「芸術と建築の関わり」を新たに解き明かしたのに対し、トゥーゲントハット邸は、科学技術社会における居住環境が何を求めているか、つまり、実際に家族が生活する「家」が何を求めているか、それを住空間にどう翻訳して提案したかを見る上できわめて重要な作品である。

この住宅は、ル・コルビジエのサヴォア邸と同時代であることも興味がある。二つの作品は、まさしく社会的な構造変化が住空間をどう変えるか、住空間の共通する問いに同時に答えたという点で面白い。両者の基本的な課題は家族のコミュニケーションの扱いにある。家族が互いにどう関わり合い、バランスのとれた社会意識を住まう環境の中でどう養うべきか問うた作品だからである。

ル・コルビジエが、階段やスロープやボイド空間という断面的な「見る見られる」関係を成立させ、密度の高いコミュニケーションを促す空間操作を提案したのに対し、ミースはあくまでも平面的な中間領域を置いて、視覚的にも聴覚的にもコミュニケーションの本質を崩さない方法を採った。この理由により、近代工業技術を駆使して広がりのある空間を提案したのである。

トゥーゲントハット邸の設計を受諾した経緯をミースは次のように述べている。「トゥーゲントハット氏が私を訪ね、まず、家を結婚プレゼントとしてもらうのだという。彼は大変用心深く、また病気だった。医者も一人では不安で、三人にかかっていた。家を探して回り、建築家に会いたがった。妙な理由から私を選んだ。私が20歳頃に建てた家を見て、素晴らしいと気にいっていた。同じようなものを期待し私を訪ねてきて話し込んだ。私は現地を見てから家を設計した。彼がこの設計を見たのはクリスマス・イヴだったが、なんだかもう死にそうでね。彼の妻は芸術に関心があり、ゴッホの絵を少し持っていた。『ちょっと考えさせて下さい』と彼女が言ったので、彼は妻をつまみ出さんばかりだった。しかし彼は大晦日に私のところに来てよく考えた末、仕事を進めてくれと言った」。このエピソードからは、建物の依頼主が建築家の意図を終始尊重して設計には口を挟まなかったことがうかがえる。

チェコの、ブルノは丘の上に広がる町である。主産業は紡績で、トゥーゲントハット家はこの地の有力な実業家であった。多分「結婚プレゼントとしてもらう」とある住宅は、富豪の両親から結婚祝いに息子夫婦にプレゼントされたものだろう。息子フリッツ・トゥーゲントハット氏は神経質で虚弱体質であったようだ。

この家の設計プログラムは居間、食堂、書斎、図書室、音楽室、暗室、それに寝室は、使用人の部屋と女家庭教師の部屋および子供部屋と相互連結する夫婦の個室寝室スイートと、複雑である。

敷地は、丘の頂きにあり、道路面よりかなり下がった南になだらかに広がる傾斜地である。ミースは、地下室に機械室と倉庫、その上に居間と食堂、最上階を寝室とした3階建ての住居配置をまず決めた。そして、建物全体を道路側に引き寄せ、道路の高さに合わせた3階を玄関へのアプローチレベルとした。各階に広めのテラスを南側に設け、眺望のある傾斜地の条件を有効に活かしている。

地上階となった3階は、地下室から伸びる煙突を明確な建築的な垂直要素として際立たせ、その両翼に水平性を強調した屋根が長く掛かっている。道路に突出すように配置された車庫は、その裏の運転手部屋と共に、基段化された地上階の西側に寄せられた。ボイド空間を挟んで、その東側に階下の居間に降りる優しくカーブした曇りガラスの階段室がある。かなり閉鎖的な立面を持つ家族の寝室がその後ろにつづいている。

写真 前面道路より建物を望む

図面 断面図

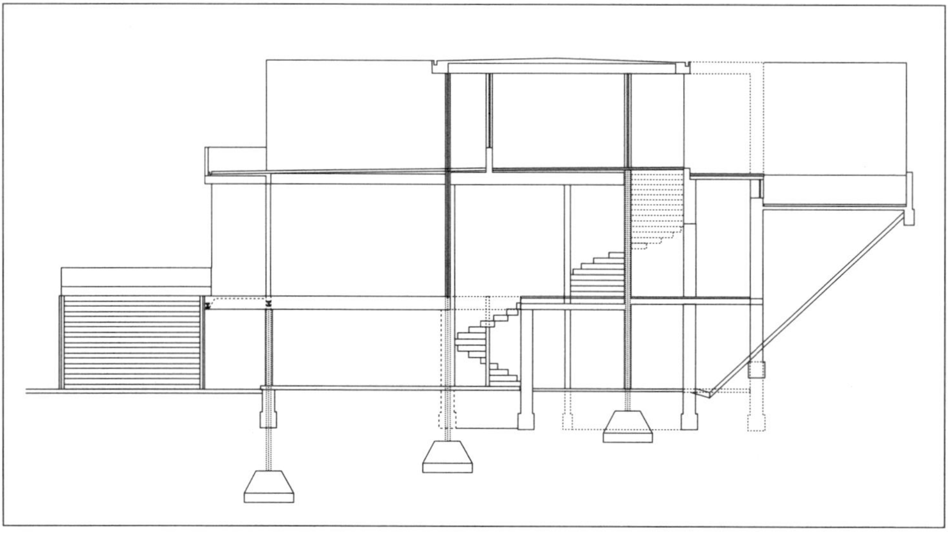

両者に挟まれたボイド空間は、遠い丘の上に見える13世紀のシュピルベル城跡を眺望のあるピクチャーウィンドウ化し、階段室の脇にある玄関ホールのエントランスを演出している。

階下の居間の諸室は、地上階の閉鎖的で厳格な設計と対象的に、自由で開放的な「幅約24M．奥行約15M」の大広間の中に回遊的に配置している。厨房およびメイド部屋は、西側の奥にまとめられた。居間は建物全体から大きく迫り出し、全面を覆う大きなガラス窓が、ダイナミックな眺望を取り込み、日光を部屋一面に注がせている。バルセロナ・パビリオン同様、ここでも自律したオニキスの大理石の壁が広い居間の空間的な中心を成し、その前面にリビングエリアを展開し、後方に音楽室、図書室、暗室、書斎を配置し、地上から階下にアプローチする広めの階段を先に受けている。

「当時若干のごたごたはあったが、大したことはなかった。彼はこのような広い空間を好まず『書斎で大事な考えごとをするとき、あたりに人がいると邪魔になる恐れがある』と言った。彼は事業家だと思った。私は『よろしい、なんとかしよう。嫌なら部屋をガラス壁で囲うこともできる。効果は同じだ。』と答えた。そこで木製の足場を組んでみて、彼は自分の書斎に入ってわれわれが普通に話すのに耳を傾けたが、何も聞こえなかった」

上記のエピソードは、建築家が直接施主に対し、建築的な空間創りの意図を述べていることになる。従来の閉鎖的な小割りの部屋ではなく、開かれた回遊的な広い空間こそが、新しい社会の新しい家族の要求に答える「時代的な空間の翻訳」であったのだ。その広い空間を創るために工業の技術による鉄骨を使い、個人の自由と尊厳を守るために邪魔にならない「中間領域」を創るべきだと結論づけたのである。

中間領域を置いて創る広い空間が「テクノロジー＝科学技術」社会における新しい住居であると提案したのだ。これはまた、あのガラスタワー以来、あらゆる作品を通して「人と人のコミュニケーション」を重んじ、それに対する一貫した基本姿勢「空間の柔軟性」を提唱したミースの提案であったのだ。

写真上
居間より庭を見る

写真左
玄関ホールより階段を望む

写真右
寝室脇のバルコニー

ブルノの冬は長く、零下15度になる。ミースは、家族の集う一家団欒や自由に子供が遊べる空間を優先させ、寝室を縮め、広い居間を創った。センチメンタルに考えれば、別居生活を余儀なくされたミース自身の家族への思いが汲み込まれていたのであろうか。

リビングエリアと書斎エリアを区切る中央のオニキスの大理石の壁は、一方を太陽の光と眺望を楽しむ健康的な居間に大きく開放し、他方に、音楽室、図書室、書斎を、冬場の緑を楽しむ贅沢な温室との関わりを強めて、配置している。それらの諸要素は、中間領域に囲まれて広い空間の中にゆったりと配置されている。また、ミースの空間構成では珍しい半円の黒檀の壁が、格式ばらない円形テーブルと共に、

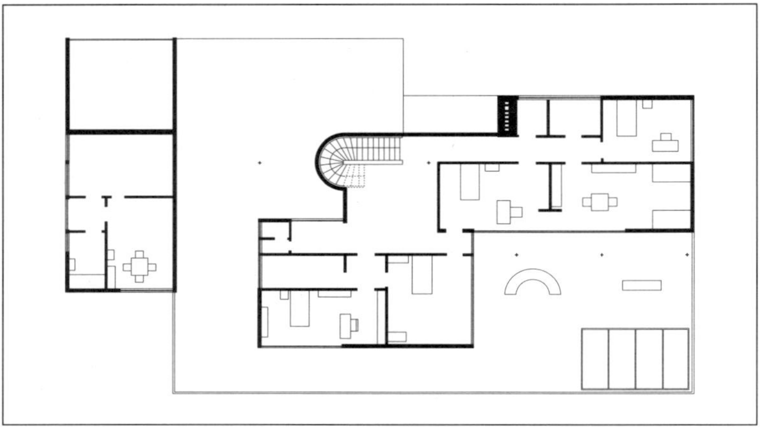

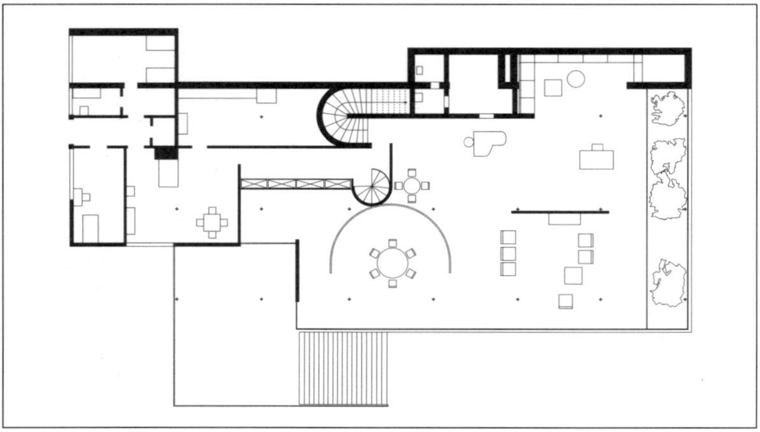

図面上　1F 平面図

図面下　B1 平面図

見事にダイニングエリアを全体の中で独立させている。

しかし、部屋という概念は完全に消され、空間は流れている。この流れる空間は中間領域の介在によってヴォルフ・テゲトフのテキストにあるように「心地良さとプライバシー」を供えて展開されているのである。

このトゥーゲントハット邸の設計作業に欠かせないほど多大な影響を与えたのは、先のリリー・ライヒ女史であった。二人で共同作業したモード展について、デイヴィッド・スペースは「黒・赤・オレンジのベルベットと金・銀・レモンイエローの絹布を、天井から垂らした直線棒と曲線棒に掛け、展示ホールの大きな空間を仕切った。会場のカフェでは、直線と曲線から成るMRサイドチェアを多用して、空間の特色に呼応させ、全体感覚を強調した。また要素を極端に減らし、連続体として、即ち、途切れのない一連の秩序として、建築空間に関する新しい思考方法の可能性を提唱した」と、評価している。

この手法は、疑いもなく、建築空間を革新する新しい空間概念を示唆するものであった。バルセロナ・パビリオンで見い出されたフリースタンディング・ウォールによる流れる空間は、モード展の共同作業がなければ生まれなかったものである。とくに、トゥーゲントハット邸

ミースとライヒとの共同作業で見せたモード展の内部
Digital image©2003, The Museum of Modern Art, New York /Scala, Florence

庭より建物全体を見る

の階段を取り囲む曇りガラスの曲線と、食堂の円形テーブルを囲む半円の壁に、展示空間と同じ手法が使われていることは誰の目にも明らかである。

自由な空間とは、行き止まりのない空間である。その限りない回遊性のある空間に対しトゥーゲントハット夫人は自らの体験を次のように述べている。「ミースの内部空間は、生活空間における光の意味を再生させ、広い空間は自由を与えてくれる。そこには閉鎖的な部屋では決して望めない穏やかな空間のリズムがある。そのような所では、人間が芸術や花のように生き立つことができるのです。小さなリズムの変化こそ意味を持ち、私たちはこの自由な空間に戻ることで、気分を開放することができました」

建築的には、バルセロナ・パビリオンで採用されたL型鋼を十字型に束ねクローム被膜を巻いた柱は、ここではクローム被膜に替わって、ステンレススチールが採用され、広い空間を秩序立てている。しかし、この照らす柱は、ミースにとって建築的にどういう意味を持っていたのだろうか。一つは、光る柱・輝く柱によって柱の存在を強調すること、もう一つはその輝きによって柱の存在を消すことである。しかし、後年到達するファンズワース邸やクラウン・ホールの柱のない「ユニバーサルスペース」の誕生を知れば、すでにこの時点において内部の柱は邪魔な存在であって、その存在を消すためにクロームの被膜やステンレススチールを採用したことが分かる。

この24M×15Mの大きな空間を設計するにあたり、生活の多様な在りようを許容する鉄骨造りを提案したのだが、ミースは柱の存在を古典的に神聖化せず、むしろ建築的なディテールとして光る柱を造り、人が住まう自律した空間を創り出したのである。グリット状の柱の中に、「フリースタンディング・ウォール」がさながら抽象画の立体的コンポジションのように空間を創り、まるで空間が独自性を持ちながら互いに話し会いをしているような印象さえ受けるのである。

広いガラスの家に現実的に住むためには、建築材料の工業化と同時に、建築設備の発達も欠かせない。地下には、当時この種の建物には例のない大きな冷暖房機械室が設置された。暖熱パイプはクロームメッキされ、居間の窓際や階段室の幅木にも取り付けられた。夏のための冷房用排気グリルも居間の床にしつらえられ、ミースはそれらのディテールを内部空間に合わせて丁寧に設計している。

さらに、二つの工業製品が住まうガラス建築を補っている。建物全体に新鮮な空気を入れるために、床下に落ちるガラス・ファサードの仕掛けと、もう一つは窓上の鴨居の下に隠されたローラーブラインドである。ローラーブラインドの導入は、日中の室内への直射日光を適度に押さえ、ガラス壁の熱損失を弱め、夜間のプライバシーを保つためである。

トゥーゲントハット氏は、家の住み心地の良さを次のように述べている。「寒くても天気の良い日には、雪の冬景色を観ながらまるでダボスで椅子に寝そべって日光浴を楽しんでいるようだ。夏は夏で、日除けと空調によって、部屋は快適である」

建設時の部屋の広さについての議論では、クライアントを納得させることができた。しかし建物の完成後に、家具の問題が残った。

「施主が『これで全部片付いたことにするが、家具が良くない』と言うので、私も『これは酷過ぎる』と答えた。家具はすでにベルリンからブルノに送ってあった。工事監督に家具をすでに預けていたので、『昼飯の少し前に施主を呼び出し、その間に家具を届けてくれ。彼は怒るだろうが、是非そうしてくれ』と頼み込んだ。彼は家具を見もしないで『運びだせ』と言った。しかし昼食後は好きになった。顧客は建築家ではなく子供のように扱う方がよいと思う」と、ドイツ人独特なチャメッケをミースは見せている。

こうして、構造的なキャンティレバーのバルセロナ・チェアーに加えて、今度はスチールの弾性を利用したブルノ・チェアーが誕生した。しかし、これには周到な準備が必要であったはずだ。現在でもベルリンからブルノまでは急行で約8時間はかかる。家具を新しく設計し造らせて送る時間的労力は計り知れない。ミースの、建築とくに空間への執念を見る一幕である。

第二次世界大戦とその後の長い東西の冷戦によって、この建物の存在はわれわれ西側の建築評論のコラムから遠ざかっていた。しかし象徴的なベルリンの壁が崩壊し、この建物の存在が明らかになるにつれ、その斬新な住宅建築の提案は、近代建築の発展史においても重要な位置を占め、高い評価と共に再認識される結果となった。

トゥーゲントハット邸は、現在は市の美術館の管理下にあって、建設時のまま保存され、建物は定期的に案内も受けられる。その案内人が驚きをもって語っている。「中央に置かれたオニキスの大理石が西側から射し込む夕日を受けて裏側の壁面を赤色に変える」と。住まう人しか見られない大理石の変容は、ステンレスの柱と同様に、石を光によって変貌する空間要素として意図的に造り込んだ、ミースの石を知り尽くした技の範囲であったのだろうか。

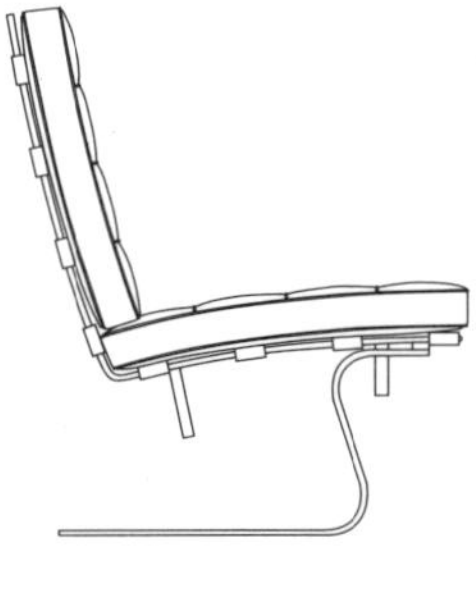

ヴァイセンホーフジードルング──構造の有利さ

ミースは多くの賛同者とその同志を得て、1926年40歳にして、ドイツ工作連名の副会長となった。前述したバルセロナ・パビリオンの設計の3年前になる。胸幅も背丈もある鼻の高いハンサムなミースは、その容姿においてもリーダー格である。静かな物腰、聞いてから話す、その冷静な紳士的態度は、常に中心的な存在となったであろう。

ドイツ工作連盟とは、1907年に結成された建築およびプロダクトデザイナーの団体で、芸術家のほかに実業家も参加している。その目標は、積極的に工業生産を肯定し、工業生産品の質の向上を図るもので、20世紀初頭のヨーロッパのデザイン運動に大きな刺激と影響を与えた団体である。連盟の活動と目的は、ミースの創作活動と一致しており、先のリリー・ライヒ女史との共同作業もこの連盟との関わりあいで進められたものである。

1927年、第二回ドイツ工作連盟住宅展示会・ヴァイセンホーフジードルングのシュツットガルト開催にあたり、ミースは住宅展の総監督を引き受けた。

ヨーロッパにおいては、第一次世界大戦の終了後から約10年が立ち、新しい建築に対する希望が建築家に共通項として芽生え、実践され始めた頃である。それは、机上の空想と創作の混沌としたイメージから、実践に基づく秩序ある建設を見い出す動きであった。その発表された展示会の趣旨によれば、ヴァイセンホーフジードルングに出展された建物は、多様な生活スタイルに対する新しい生活空間の提案であり、絵画的な空論を避け、あくまでも現実的な住宅建設が求められた。

展示会には、大きく二つの狙いがあり、近代建築運動に参加している代表的な指導者を招き、新しい生活様式に対する基本的な姿勢を明らかにすること。次に、科学技術社会における住宅の問題に解決案を示すこと。具体的には、工業化が進む建設の「合理化」および「規格化」を受け入れて、いかに質の高い住宅空間を造るか、また、いかに大衆化していくべきかに答えるものであった。

招かれた建築家の中には、まず恩師ピーター・ベーレンス。近代建築の五原則を打ち出したル・コルビジエもシトロアン型の実験住宅を造り参加した。バウハウスの創始者、ヴァルター・グロピウス、後にアメリカに同行するルードヴィッヒ・ヒルベルザイマー、日本建築の紹介者であるブルノー・タウトも参加している。

さて、展覧会は観客にどう理解されたのだろうか。展示会の共通項として打ち出した、規格化と合理化による「平坦な陸屋根と共通した白一色の壁」が、統一された無装飾性として観客に強く映るあまり、異なる建築家によって多様な空間構成と建築表現がいたる所に提案されていたにも関わらず、見学者の多くがそれを見過ごしてしまったのである。

近代建築が目指す工業製品による「誰でもできる建築」は規格化、即ち類型化を前提にしている。杉本俊多氏の「類型とは外側から与えられるものでなく、社会が内側から生み出すものでなければならない」との指摘に従うならば、実は展示作品の中にさまざまな「類型」化が表現されていたのであるが、観客にはその意味が理解できなかったのである。しかし、その後の近代建築の発展史を見れば、この住宅展が成した功績は計り知れないものがある。

写真　公園側から見るアパート

図面
集合住宅の平面図

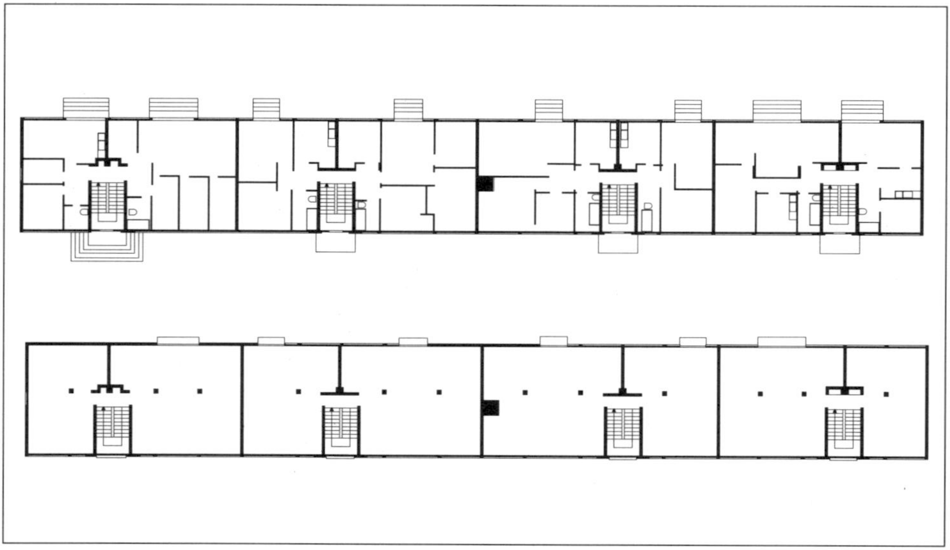

当初は、ミース自身の作品はなかったようだが、結局、集合住宅を展示会場の丘の頂きにある小さな公園に沿って設計することになった。この作品は、鉄骨構造に煉瓦壁を挟ませ表面をスタッコで塗った集合住宅である。集合住宅の計画的課題は二つある。一つは家族形態の多様さにどう対応するか。もう一つは、住み進む過程の各々のライフステージの変化に、建築がどう対応できるかである。ミースはその答えとして可能なかぎりの「柔軟性のある空間造り」を提案した。

外壁に平坦な壁面を得るために、細い鉄骨柱を外周に鳥篭状に入れ、その柱間に穴あき煉瓦を挟むように積み上げ、表面をスタッコで平らに塗り上げた。そのために、細いモリオン的な壁面がエレベーションに表われている。

床も同様に平坦なスラブを得るために、鉄骨の細い根太の間に穴あきのコンクリートブロックを挟み床仕上げをしている。四周の平坦な面、つまり天井、床、壁は、どの位置にも仕切り壁を受けやすい内装になって、住み手の要求に応じる可変可能な壁面を建築計画的に実現した。この工法と空間造りは、建築的な柔軟性を得るためであり、ミースは次のように述べている。

「最も適切なシステムであり、それは合理的に生み出され、内部空間を分割するためのあらゆる自由を与えるものだ」

ミースは、ここに始めて「建築の形態上の問題」を、建設の「最も適切なシステム」という「エンジニアリング＝工学技術」の言葉によって表したのだ。つまりミースが後に述べる「私は技術社会にふさわしい建築を目指し、すべての筋の通った明確なものとして、誰でもできる建築を実現したかった」とする創作態度をエンジニアリングに委ねることをはっきりと言い表したのである。

「この集合住宅は、ミースの作品の系譜から見て『誰でもできる建築』すなわち、建築の大衆化、結果的には国際建築様式を生み出す動機となった。そしてミース自身の設計活動の比重を工業製品による、明確な『構造の有利さ』に置き換えた記念すべき作品である」と、ヘケイニヤン・ウッズは『ミース再考』の中で指摘している。

道路側から見るアパート全貌

この「構造の有利さ」とは「構造的に最も有利でバランスの良い表現」を求めることである。それは、後のアメリカでの命題となり、学術的にもまた実践的にも、徹頭徹尾追求される工学の建築的な課題となるものである。

集合住宅の平面には、階段とコアとなる水周りの台所と浴室のほかは固定したものはなく、すべてのスペースは可動壁で仕切られた。窓枠を細いモリオン的な外壁いっぱいに広げ、開放性のある繊細な立面を創り上げげた。工作連盟には、多くの事業者が加盟している。ここで使われた穴あき煉瓦、コンクリートブロック、窓枠等はすべて事業者の「規格化された新たな建設材料」であり、これによって、新しい建設システムが可能になったことを忘れてはならない。

4階のユニットにはルーフテラスが設けられた。各ユニットにも小さなベランダが取り付けられ、眼下に広がるシュツットガルトの町並みと田園的な眺望を楽しませている。

建築の匿名性について

ミースは建築の匿名性について、すでに1924年の講演論文「建築と時代」の中に次のように述べている。

「どの分野でも、秀でた業績は個人ではなく、その創造者はほとんど知られていない。彼等はわれわれの匿名の時代の一部である。建築構造家はその一例である。巨大なダム、巨大な工業設備、巨大な橋には設計者の名前は記されていない。彼等は単に将来の工業の符点にすぎない」

建築を時代的に発展させていくには、エンジニアの存在と功績が欠かせない。「誰でもできる建築」を目指すミースの立場は、この時点において建築の匿名性を強く打ち出している。この講演論文は「約2世紀にわたるロマネスク建築への挑戦は、ゴシックのエンジニアの力であったことを知るべしである」とも説いている。この言葉は、ミース自身の約30年後の建築の発展、つまりクラウン・ホールあるいはファンズワース邸に見る、吊り構造への挑戦を予告するメッセージとなっていたのだ。

シュツットガルトの集合住宅で見せた建築における「合理化と規格化」は、エンジニアとの共同作業による合理的な構造システムを見つけ出し、より建築全体を有利な方法に導く、新たな建築の課題を認識させた。同時に他の建築家と共有した多様な建築表現の中に、社会が内側から求め始めた「建築の類型化」を感じ取っていた。すなわち異なる表現の中に「建築の大衆化」を目指す共通のデザイン言語が見えていたからだ。

このシュツットガルトの工作連盟の展示会には、バウハウスの創始者グロピウスが深く関わっていた。バウハウスの教育目標も工作連盟と同じく、工業生産に基づくデザイン教育の実践と改革にあった。バウハウスではデザインに関わるあらゆる生活面を手がけ、ティーカップから都市計画まで、新しい生活の可能性を追求していた。

1930年ミースは、第二代学長ハイネス・マイヤーの更迭とグロピウスの推挙により第三代バウハウス学長に就任し、建築家にして教育者になった。ミースはバウハウスの創設の精神、すなわち「あらゆる造形活動の終極目的は建築にある」を実践において明確に示していた。すなわち新しい科学技術に基づく三つの基本的な課題を、解答をもって、提示していたのだ。

一つは、バルセロナ・パビリオンを工業生産の部品によって設計し、時代を超える建築を創作した。二番目に、近代建築が芸術といかに関わるべきか、ジョージ・コルベの彫刻をもって提示した。そして最後に、トゥーゲントハット邸の日常的な生活空間に建築造形技術のすべてを収斂させた。

そして何よりも大切なことに、ミースは教育者としての責任を自覚していた。建築の大衆化による匿名性を説くだけでなく、創造の使命を、個人的冥想や空想によらず、デカルト的な創造の道徳観ともいうべき「人間の良識」によって解き明かし、創造の客観性を「学識と知性」によって磨くことを訴えることができたからである。

しかし社会は大きく動揺し、暗い激動の嵐が吹き始めていた。時を経てヒトラーのナチスが事実上ドイツ国内の政権を掌握し、美術、建築、デザインを含むドイツの全生活を完全に支配しようとしていた。この過程でバウハウスも弾圧され、拠点をデッサウからベルリンに移さざるを得なくなった。ミースは私財を投じてベルリンに工場を借りバウハウスの教育の場を確保するのであるが、1933年4月11日、自主的に教授連の同意をもって閉鎖することになった。

熱狂的ナショナリズムは、建築家やデザイナーの実践活動も弾圧し始め、社会的なボイコットが本格化した。バウハウス閉鎖後もミースは個人的な創作活動をつづけていたが、それも難しい状況になり、自らの安全さえ脅かされかねなくなった。そのため旧知フィリップ・ジョンソンの仲介で、アメリカ・ワイオミング州のスタンリー・リザー夫妻のゲストハウスの設計を理由に渡米し、その際、シカゴのアーマー工科大学、現イリノイ工科大学の建築主任教授の誘いを受け、ミース52歳の1938年、シカゴに渡り住むことになったのである。

そして建築の匿名性は、イリノイ工科大学の教育の基礎理念となり、建築の設計概念をより明確な「エンジニアリング＝工学」に重点を置き、教え学ぶ教育プログラムが作成され、大学教育に引き継がれていくのである。

ミースはこの激動の時代においても、自らの信念を見失うことはなかった。バウハウスの閉鎖とその後の数年に渡る国家体制との戦いは、疲弊した国家への不信を募らせたが、同時に確固たる時代的な視野を持つことができたのだ。つまり、教育者であり建築家であるために、むしろ社会の中に隠れている時代の本質的な動向、つまり目に見えて動いている実態よりも「無視できない動かされざるを得ない社会の力」を見ようとしたのだ。

新天地アメリカでのミースの創作活動の目標は、学生と共に歩む教育活動を通して、「無視できない動かされざるを得ない社会の力」すなわち「時代の要求」を見極め、それを「空間に翻訳」し、最終的に「誰でもできる建築」として提案することであった。イリノイ工科大学の主任教授就任演説には次のような一節が述べられている。

「すべての建築を教えるには、その相互関係から解明する必要がある。われわれは何が可能であり、何が必要であり、何が意義あるか、一歩一歩明確にして行く必要がある。教育には色々の目的がある。真実の洞察を教えまた責任を教えることである。教育とは、われわれの無責任な意見から、真の責任ある判断へと導かなくてはならぬ。偶然性・抽象性から、明確な理論と知識的法則に導かなくてはならない」。そして最後を、聖アウグスティヌスの芸術の言葉「**美しいということは、素晴らしい真実である**」で結んでいる。

ミースは、建築教育のカリキュラムを編成する際に、自身が成人する過程においてなじんだ哲学書を引用している。イリノイ工科大学建築学科の授業は、ミース自身の体験から編み出した「はっきり描き出す訓練」をするにあたり、最も大衆化した煉瓦の積み方から始まるのである。

第4章
誰でもできる建築

アメリカの都市の再生

ミースの建築はドイツ時代とアメリカ時代とではどう違うのか。当然同一線上にある創作活動ではあるが、あえていうならばドイツ時代は、個々の作品に近代建築が造るべき平面的な空間展開を提案したのに対し、アメリカ時代は、私塾ではなく大学において、テクノロジー＝科学技術を教科に置き、新しい建築言語による有機的な建築を学術的にも実践的にも発展させている。

即ち、中心課題を「エンジニアリング＝構造システム」の建築化に置いた。各々の「構造の有利さ」を「はっきりと描き出し」、「プロトタイプ＝原型」を明確に導き、ミースがいうところの建設芸術へ洗練させていった。その構造システムは「誰でもできる建築」へと発展し、世界の建築家および事業家の賛同を得て国際様式化し、様式はさらに世界に共通する都市問題の解決と近代都市の再生に貢献していくのである。

ミースが、ドイツのナチス政変を契機に招聘された大学はシカゴにあるが、実はボストンにあるハーバート大学からも声が掛かっていた。しかし、ハーバート大学にはグロピウスが選ばれ、結果的にミースはシカゴに来ることになった。この偶然はミースに幸いした。なぜならシカゴはアメリカを代表する工業都市であり、ミースの建築思想を全面的に受け入れる土壌が備わっていたからである。

そればかりではなく、シカゴは1879年の大火により、市の中心部の過半を焼失していた。復興を急ぐにあたり、シカゴに集まる建築家たちは、早くも鉄骨・煉瓦の高層建築に適した構造システムを使い、新しい建築的表現をすでに実践していた。D.H.バーナムやJ.W.ルート等による洗練された建築表現は「シカゴ派」という新たな建築様式を生み出し、煉瓦造りの20階の高層建築さえ、実現させていた。ミース同様、構造システムへの深い関心が、建築史的に偶然にも、シカゴ派の文脈にも流れていたのである。

大火後の都市再生を通じて、シカゴの建築家たちはアメリカでも踏襲されていた折衷主義建築の徒労に気づかされ、そこから決別し、「自律する建築」に向かっていた。そして、あの革命的な言葉「形は機能に従う」を残したシカゴ派の創始者の一人であるL.H.サリヴァンの系譜を生み、近代建築の新しい方向を決定づけたのである。このサリヴァンこそフランク・ロイド・ライトの師であった。

当時、アメリカの都市は、ミースがドイツ時代に経験した「戦争」による都市の壊滅ではなく、産業構造革新による「大きな社会構造の変化」が著しく都市の荒廃を招いていた。両者は、奇妙に一致して、新たな建築秩序と都市の敏速な再生を必要としていた。

アメリカにおける第二次産業の発達は、都市人口を急激に増加させたが、第三次産業の勃興と同時にモータリゼーション時代を迎え、都市住民の多くが郊外に移り住み、都心部を急激に空洞化させた。ミースにとってヨーロッパの戦後復興を目指した時と社会状況は違うものの、同じ建築家の役目が求められていたのである。

とくにシカゴは、モータリゼーション時代の到来により海運が陸路に変わり、市の中心地を流れるシカゴ河周辺にあった海運施設を衰退させ、さらに鉄道の廃止は、終着駅周辺にあった商業地域を過疎化させた。そして地域的な利便性ゆえに集まっていた工場は中心地から姿を消し、跡には土地だけ残り、一時的な露天駐車場となって、次の跡地利用を第二次大戦後もしばらく待っていたのである。

このような社会変化に見舞われているアメリカは、新しい大陸であって、ヨーロッパの諸国と違い、歴史上の束縛はない。したがって「建築は、その時代の要求を空間に翻訳する」とするミースの設計概念の課題は、むしろアメリカに移植されてより分かりやすく浮き彫りになっていた。それに向かう作業は、シュツットガルトの住宅展で他の建築家達と共有した建築の「合理化と規格化」に「経済性とスピード」を加えた「建築の大衆化」であり、目指すは建築による都市の再構築にあった。

イリノイ工科大学のキャンパス計画

ミースは、イリノイ工科大学の建築学科主任教授の就任後2年足らずで、大学側からキャンパス計画と教室棟の設計を依頼された。

敷地は、シカゴの中心地から南に下がった元高級住宅街で、1940年代頃にはすでにスラム化が進み、隣接する界隈は市も新しい町づくりに着手し始めたところであった。計画の実現には、敷地内3000以上の地主との用地買収に長い時間を必要とし、また大学への援助金が少ないことから、すべてを極めて経済的に10年単位で進ませる必要があった。

ミースは大学のキャンパス計画に、敷地を通る格子状の都市道路に合わせた「格子状のモデュール」を採用した。都心にありながら緑に包まれた公園的なキャンパスを実現するため、多くの大学が採用している歴史的なロの字型の校舎配置を止め、建物と校庭が有機的に一体化する開放型のキャンパス計画に取り組んだ。そして、事務室、研究室、教室の必要な広さを詳細に検討した結果、経済性を高めるため、建物の基本モデュールとして縦横7.2M、高さ3.6M の立方体を採用した。

いくつかのマスタープランを制作後、自動車時代を念頭に幹線道路を除く既存道路をクルドサック方式により塞ぎ、都心にありながら、教室棟とドミトリーのある敷地には車を入れない、広い芝生と木々に囲まれた静かな公園的なキャンパス計画を完成させた。

南北に走る幹線道路ステイト・ストリートと高架電車路線を軸に、敷地全体の東側にドミトリーおよび家族を対象にしたアパート群を配置し、その西側に、実験棟を含む教室棟が、大学のシンボルである図書館・学生会館・管理棟を中心軸として、格子状のモデュールに沿って建てられている。時間をかけて一つ一つ完成をみた建物は、モデュールを厳守した結果、現在でも統一ある秩序のなかに、それぞれが特徴ある表情を豊かに見せ、建っている。

経済性を高めるモデュールの7.2Mという柱間は、コンクリートのラーメン構造としては、最も経済的な構造システムの寸法である。その他の施設は教室棟よりさらに経済性を高めるため、耐火構造の法的な制約から逃れる1階建てにしている。

キャンパスの諸施設は、ミースの初期の作品、あの煉瓦造田園住宅に見せた「壁のずらし」と同じように「建物のづらし」によって配置され、公園的な校庭に有機的に馴染んでいる。この方法は各々の教室棟を明確に自律させたばかりでなく、外部空間を「開いては閉じ、閉じては開く」ダイナミックな空間に置き換え、単に植栽を施した平坦な校庭を劇的な空間、動的なシークエンスのある場に変えている。

教室棟のプロポーションとオーダー

1942年、ミースは56歳になっていた。ここからアメリカでの実践の時代が始まる。アメリカは、ヨーロッパと違い歴史は浅いが、市場経済が何よりも優先する国である。この経済原理こそが、新しい束縛ではあるが、同時に一つの創造性の枠組みとなった。

キャンパス計画は、鉱物・金属研究棟から着工された。この研究棟は鉄骨のH鋼を最も基本的なラーメン構造の柱と梁に使い、床にコンクリート、屋根にプレキャストパネル、その上にシート防水という「合理化」と「規格化」によって建てられた。

躯体、つまり構造から解放された力を受けない外装は、内部空間の用途によって煉瓦壁にもガラス壁にもなる最も単純な組立工法を採用した。内部には、ミースが20代で見たベルラーへの作品「アムステルダム証券取引所」のように、柱と梁をダイナミックに露出し、力強い建築表現が創られた。そして、ここでは形をデザインするのではなく「最も有利な構造システム」にデザインの比重が置かれ、すべてがラーメン構造の明確な表現に収斂されている。

この鉱物・金属研究棟はあくまでも単純明解であり、ミースの誠実な材料の表現と精密なディテール造りが建物自身に、するどい感受性を与えている。とりわけ、そのプロポーションとオーダーの「美しさ」と「単純性」は建築ジャーナリストにも素直に理解され、高い評価を受け、アメリカ建築界に新しい風を吹き込んだのである。

1946年に建てられた化学工学科棟と同窓記念ホール棟は、前述した鉱物・金属研究棟が工場とも思えるほどのシンプルな建物であったのに対して、学生の講義棟の性格が強く、建築的に厳格な性格をもって設

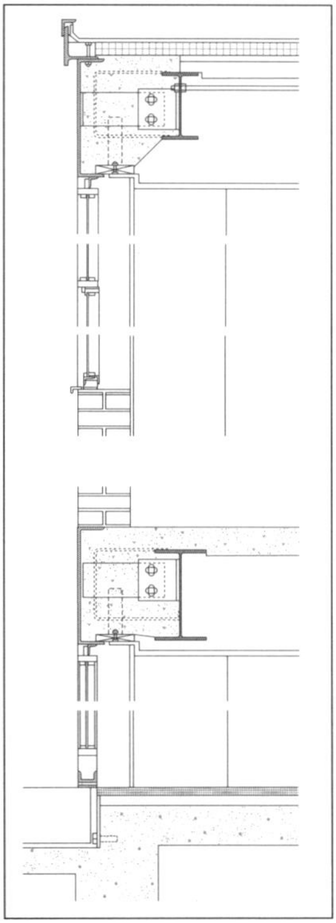

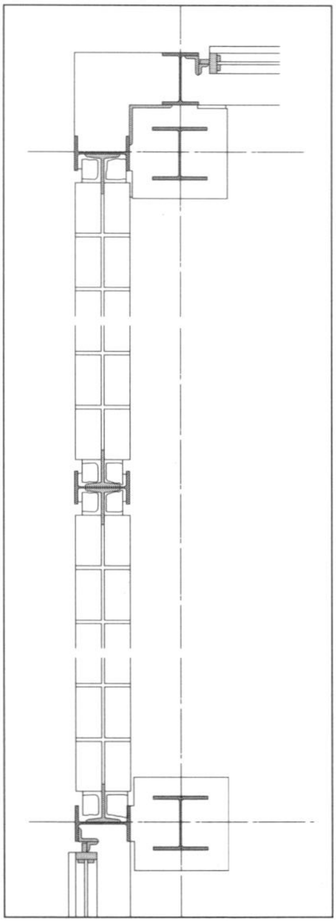

計された。構造は最も経済的にX軸、Y軸、Z軸に伸びるラーメン構造ではあるが、耐火規制によって鉄骨の柱も梁もコンクリートにより被覆された。

外壁は、外周のモデュールに沿って、煉瓦壁の上に窓枠を一直線上に取り付ける自律した壁になっている。壁を単一面にするために、外周壁を煉瓦一枚分、コンクリートの柱面から突き出し、外壁の上下をI型鋼の梁によって柱に固定している。パネル化された煉瓦壁は、床面から取り付けられたI型鋼の方建てのフランジの間に差し込まれた。煉瓦壁なのにカーテンウォール的な扱いをしている。

左写真
隅柱と壁の関係を見せる研究棟

図面左
断面詳細図

図面右
隅柱と壁の関係を示した詳細図

右写真
カーテンウォール的に見せる1階床レベルで止める方建て

外壁の縦方向も単一面を造るため、上部の外梁C型鋼の面を、煉瓦一枚分、柱面から外に迫り出し、その外梁の下に鉄枠に填められたガラス窓を取り付け、その下に煉瓦の腰壁を積んでいる。腰壁の上には、T型カバーを取り付け窓枠を受け、窓枠の下場に水切りの胴板を敷いている。

すべては、規格に則った組立工法に従っており、建設の工程を解りやすく分節したディテールである。煉瓦壁にして、現場作業を最少限にした経済的な納まりである。しかし、建築的な扱いはあくまでも石であり、石の古典的技術をその基礎に置いている。

ここで、平面的に7.2Mのモデュールを外周壁全体に守らせるためにコーナーの扱いが問題となる。床面からX軸Y軸両方向に取り付けられた外装用の方建ては、隅柱の中心線上で止まる。その双方から来た方建ては、回転プレートL型鋼の採用によって結ばれた。このディテールによって荷重を受けない壁は、その重々しい煉瓦の壁にも関わらず、1階の床レベルで両方向に軽やかに伸びる建築的な効果を生んだ。

このキャンパス計画の初期の建物は、一見、規格化と単純化による経済性優先の建築物で、耐用年数を含め将来時代遅れになり、陳腐化するのではないかという疑問に対し、ミースは次のように答えている。

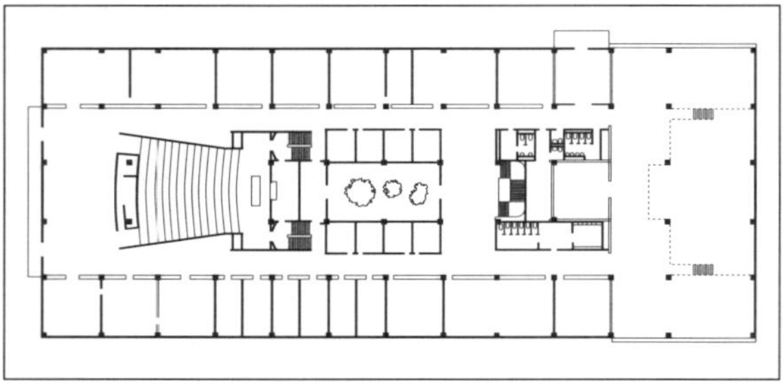

「その恐れはない。このコンセプトは二つの理由から時代遅れになることはないだろう。これは急進的であり同時に保守的である。現代の科学的技術的な推進力や持続力を受け入れているという点で急進的である。科学的な性格をもっているけれども、単に科学ではない。技術的な手法を用いているが、単なる技術ではない。保守的なのは、用途に関与しているだけではなく、意味にも関与しているし、また機能だけではなく表現にも関与している。建築の永遠なる法則に基づいてい

写真　中庭を望む

図面
同窓記念ホール棟平面図

写真左 パルテノン：アクロポリス

写真右 ネプチューン神殿：パエストゥム

るという保守性なのだ。すなわち、空間、プロポーション、オーダーである」

ミースの読書リストの中の一冊『芸術とスコラ哲学』には、「芸術作品における、表現としての美という概念と、プロポーションとオーダーという規律に一致した全体性と明解さの融合という概念との確立を表している」とある。この言葉を聞くとL.ヒルベルザイマー教授が、二つのギリシア神殿つまり、イタリア南部、パエストゥムのネプチューン神殿とギリシアのアクロポリスの丘に建つパルテノンの柱のプロポーションとオーダーを例示し、洗練されていく美の極致とその大切さをよくわれわれに教えてくれたことを思い出す。

ミースは、最も経済的である石に替わる新しい材料、コンクリートによる表現の可能性をその習作「コンクリート造のオフィスビル」によって、1923年発表している。作品は、コンクリートの「塑性」を純粋に提示する目的で創られた。地下1階、地上7階の建物は、コンクリートを型枠に流して造る建て方を明確に表現している。その設計時に確信したプロポーションとオーダーの重要性について、ミースは、ピーター・カーターのインタビューに次のように答えている

「すべては素材自体によってではなく、素材の使い方により決まることを銘記すべきである。この計画案にとりかかっていた時、実はパラッツオ・ピッティから少し暗示を受けた。というのは私は、現代の手法や目的で、果たしてあれと同じような力強い建築をわれわれが作れるものなのか、知りたかったからだ」

少年時代に見た、教会の時代を超えた素晴しい石積みの技術、そして働いて知った煉瓦の多様な表現、そしてギリシア建築から学ぶ柱のオーダー、ルネスサンス建築から学ぶ美しいプロポーションのすべては、近代建築にまで脈々と建築史の文脈を通して流れており、われわれの建築をいまも支えていることを改めて教えている。

コンクリート事務所計画　1923年
Digital image©2003, The Museum of Modern Art, New York /Scala, Florence

同窓記念ホール棟の平面は、階段教室を中心に設計され、廊下を挟んでその両側に大小の講義室が並んでいる。建物の中心部には、この規模としては珍しく採光のために中庭を設け、より小さな研究室がその周りに配置された。教室棟は、完成から半世紀以上経っているにもかかわらず、時代遅れにならないばかりか、公園的なキャンパスの中で、今も生き生きとした姿で建っている。

公園的な木々に囲まれた研究棟および講義棟

学生のための礼拝堂

キャンパスの建物は、共通するモデュールの上に乗って、秩序よく配置されている。共通する煉瓦によって造られた壁面は、キャンパス全体に統一感を与える一方、各棟ごとに違う機能を、煉瓦の多様性によって余すことなく建築的に表現している。

学生のための礼拝堂も同じ煉瓦の壁構造によって建てられた。木々に囲まれたキャンパスのドミトリーが立ち並ぶほぼ中央にあり、ミースは設計にあたり、いわゆる鐘楼のある教会を建てることは時代的でないと判断した。

この礼拝堂は、一片の煉瓦の偉大さを表現した煉瓦造田園住宅の延長上にある。それはまた、郷里アーヘンのビザンチン様式とロマネスク様式の石積みの教会と同じ石の思想によって造られている。

1952年完成した礼拝堂は、煉瓦壁2枚をコの字に曲げ、その前後にガラス壁を挟んで建物の入口を造っている。天井はI型鋼の鉄骨梁を剥き出しに、その上にプレキャストパネルを張り、シート防水を貼ったシンプルなものである。

シンプルな入口に比べ礼拝堂の祭壇は、白いトラバーチンによって床より一段高く設計され、その後ろに、天然シャンタンのカーテンが波深く掛けられ、その上に細い光沢のあるステンレスの十字架が吊るされている。この虚飾を排した簡素で知的な素材の選択と建物のプロポーションは、建物の構造的秩序とあいまって、人を倫理的な原点に戻す、静かで厳しい瞑想空間を創り出している。

「建築は本来日々というより時代に根ざしたものである。この礼拝堂は時代に遅れることはない・・・良質の素材で構成した高貴な風格をもち、美しい均整を保ち・・・現代の技術を駆使した当代の粋である。ゴシック教会が手がけた人達の総力を結集した最善の成果であると同様に、この教会も科学技術を結集して造られた成果である」と、礼拝堂の完成時にミースは述べている。

キャンパスの東西軸に沿って配置された礼拝堂は、太陽の一日の光の軌跡を追い、細い十字架に映る光が刻々と変貌する。その神秘的な光は十字架に神を迎えたように人の心を和ませるばかりか、われわれを宇宙へと誘ってくれる。壁に積まれた一本一本の煉瓦の重なり合う力も、石を積み重ねたゴシック教会の建設と同じである。

煉瓦の一片一片は、われわれ一人一人にもまざまざと見える。今井兼次氏は建築とヒューマニティを論じた著作の中で、自身の読書からの引用として、教会のステンドグラスについて次のように述べている。

「私どもの地上の生活は硝子の各片の色光から悲しみ、歓び、争い、感激、混乱などを感受する。これらの地上のものを象徴した硝子片が光りの前に組み立てられ、聖堂の内部に設けられるならば、そこに宇宙の調和と秩序を心の中に保つことができる」

礼拝堂平面図

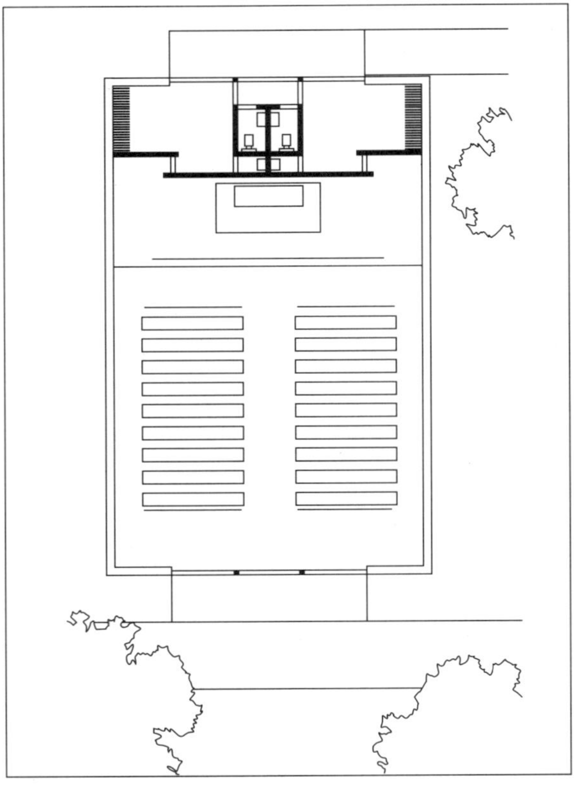

あらゆる宗派を受け入れる大学の礼拝堂は、世界の人々が共に手をつなぐ場である。その人々の手をつなぐ様が、ちょうどステンドグラスが「硝子の各片の色光」をつないで絵画を成すように、つなぐ煉瓦の壁の中に宇宙の存在がイメージされ、われわれを落ち着かせてくれる。ミースは1926年に設計したリープクネヒト=ルクセンブルク記念碑においても、暗殺された共産主義指導者30人の尊い命と彼等の功績を永遠に讃えるために、煉瓦の影像をその御霊に捧げている。

煉瓦の建築が教会となるプロセスは、これはミースがいつも学生に説明する方法なのだが、自分の両手の指を三角につくり「バウ＝建設」を底辺に、「クンスト＝芸術」を頂点とする設計の工程、すなわち単なる建物から建築に、そしてさらに建設芸術の頂点を目指す工程とその難しさを示している。

「生きている言語が正常に使われれば、それは次第にひとつの文章を目指す。もしあなたがそれに優れていれば、素晴らしい文章を話すことが出来るだろうし、真に優れていれば、詩人になれるのだ。これらは、すべて同じ言語であり、生きている言語の特性は、これらのすべての可能性をもっているということである」

ミースは、繰り返しこう述べてわれわれを励ますのである。礼拝堂はいまも美しさを崩すことなく建っている。建物に覆い被さるように生い茂る蔦が、建築家の思い通り、外装に加えられたもう一つのレイヤーとなって、季節の移り変わりをそのつど表現している。

ガラス越しに見る礼拝堂内部

校庭より礼拝堂を望む

科学技術の建築——860レイクショアードライブ・アパート

第二次世界大戦が終了した5年後、シカゴのイリノイ工科大学の主任教授に着任して12年が経とうとしていた1950年、ミースは64歳になっていた。この年、ミースはわれわれにとって最も重要な「科学技術時代の建築とは何か」という命題に対し、最終的に辿りついた結論を、大学の講演論文の中に次のように述べるのである。

「科学技術は過去に根ざしている。それは現在を支配し、そして将来の方向を示唆している。それは歴史的な動きである。それは大いなるその時代を形成し、表現する動きである。それは、古来の人間を人間として発見したローマ人の能力と、そして中世の宗教的な動向としか比較することは出来ない。科学技術は方式よりも多面的であり、それ自身が一つの世界である」とし、科学技術と建築の関係について以下のように言い切るのである。

Wherever technology reaches its real fulfillment,
it transcends into architecture.
「すべての科学技術がその使命を全うした時、それは建築に成る」

この言葉には、現代の科学技術＝テクノロジーをもって建物を創作するとき、部分が全体に全体が部分に適う秩序ある有機体に発展させ得るならば「建築を超越した建設芸術になる」というミースの強い確信が示されている。

その翌年1951年、860レイクショアードライブ・アパートメントは完成した。1921年のコンペ作品から30年にして実践に移されたガラスタワーである。建築において「素材から発し、機能を経て、造形的作品へ至る長い道のりには、ただ一つのゴールしかない。われわれが時代の絶望的な混乱から秩序を創りだすことである」とした革命的なプロジェクトからすでに30年の月日が経っていたにもかかわらず、この作品の生命力と普遍性はいささかも揺らいではいなかった。

これはまた、近代における高層建築の記念すべきプロトタイプとなった。そして、初期シカゴ派の創始者サリヴァンが果たしたように、第

二次シカゴ派の主流を成し、その美学は国際建築様式として世界の建築家達によって継承されていくのである。

860レイクショアードライブ・アパートの敷地は、シカゴリバーの河口からさほど離れていない、以前あった倉庫群が終わりミシガン湖に面した高級住宅街が始まる地点に位置している。

第一次世界大戦敗北の焼け野原から祖国ドイツの復興をどう進めるか、ミースの「ガラスタワー」は新しい建築秩序を創るために提案された。しかし、1950年代のアメリカはというと、知的産業社会到来により、建築は時代遅れとなり、都市構造改革も手つかず状態で、都市の崩壊は社会問題化していた。その再生を進めるために、新しい社会理念を持つ建築秩序を必要としていた。時代こそ違うが、都市の再生という点で共通していたのである。

写真
ミシガン湖畔より見るアパート全貌

図面
860レイクショアードライブ・アパート配置図

これより先1946年、ミースは、30歳も年下の不動産デベロッパー、ハーバート・グリーンウォルドと出会っている。シカゴ大学出身で、大学では哲学を学んでいた。その年齢差にもかかわらず、両者は共通点が多く、社会に向かって共に理想主義者であった。

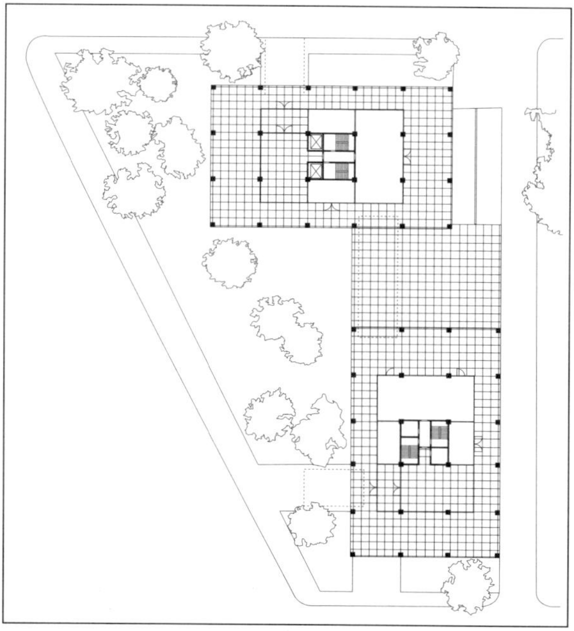

「グリーンウォルドは、単に不動産業で利潤をあげる以上の関心を抱き、20世紀の技術と建設・土地開発コストという現実の経済的な枠組みで最良の建築を創り上げることに熱心だった」とデイヴィッド・スペースは証言している。

860レイクショアードライブ・アパートは、グリーンウォルドと組んで開発した「職住接近」を目的とした新しいアパート建築の第二作目である。シカゴ中

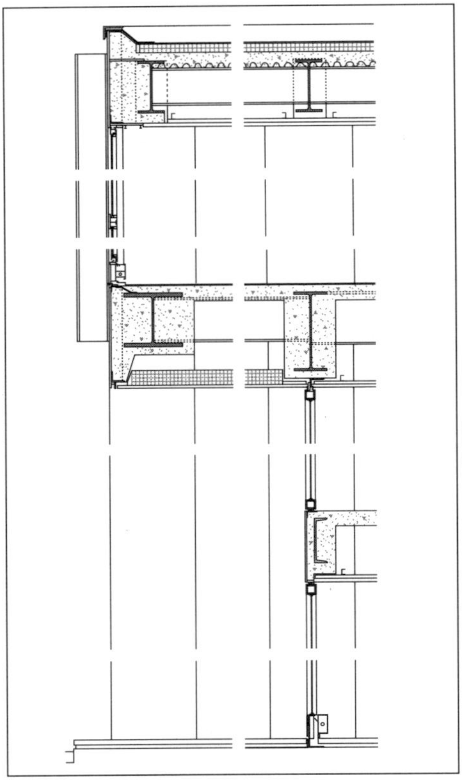

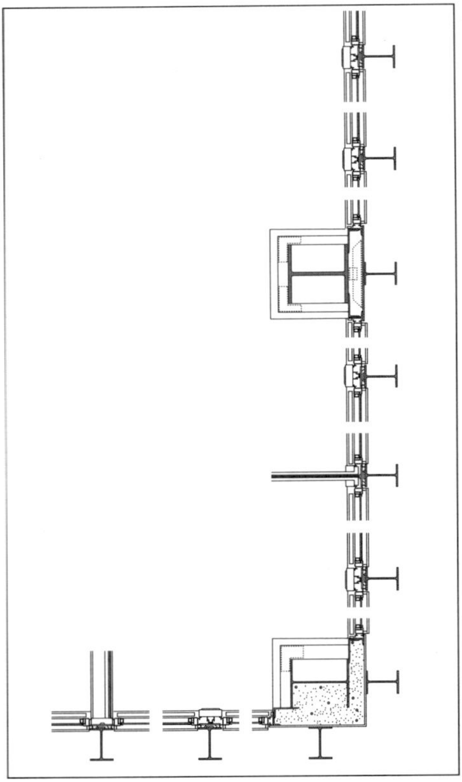

図面左　断面詳細図

図面右　平面詳細図

心部から2kmも離れていないミシガン湖畔に建つ鉄とガラスの26階建てアパートは、地下の水位が高いにもかかわらず、地下2階の駐車場を設けている。これにより地上を公園化し、都市の一部として市民に開放した。

建物は都市道路のグリッドに沿って一棟の長手方向を東西軸に、もう一棟を南北軸に直交する形で配置し、白いトラバーチンの基段の上に建てた。2階まで広がるガラス面を大きくセットバックさせ、エレベーターロビーを明確に見せ、その２階に共有するテナント倉庫と洗濯場を配置し、3階以上を住居部分にしている。

柱間は、きわめて経済的な約7Mの鉄骨コンクリートのラーメン構造で、縦に3、横に5つのグリッドを成している。外周の鉄骨柱には、コンクリートの型枠代わりにもなった、スチールプレートを防災上被覆

最上階アパートから他棟を見る

として使い、梁にも同じく被覆のスチールプレートを使用して外周りの躯体を造った。その躯体の上に外周を構造的に固めるために鉄骨I型鋼のモリオンが取り付けられ、その間にガラスの窓枠を填めている。

モリオンは、メンテナンスのゴンドラレールの役割を果たすが、構造的な風圧に対するブレーシングの役割をも果たす。そのモリオンは1921年発表したガラスタワーの平坦な壁面に立体的なリズムを創り、斬新にしてモニュメンタルな表現を高層建築に与えた。それはまた、ミース自身が1920年代に感じていた構造体と折衷的な外装の矛盾を一気に解決し、前述した建物の「科学技術がその使命を全うした」表現に替えた革命的な作品になった。

1922年に発表されたガラスタワーの第二作において、ガラスの使用によって単に「骨組みを見せたかった」だけの作業が、ここではガラス

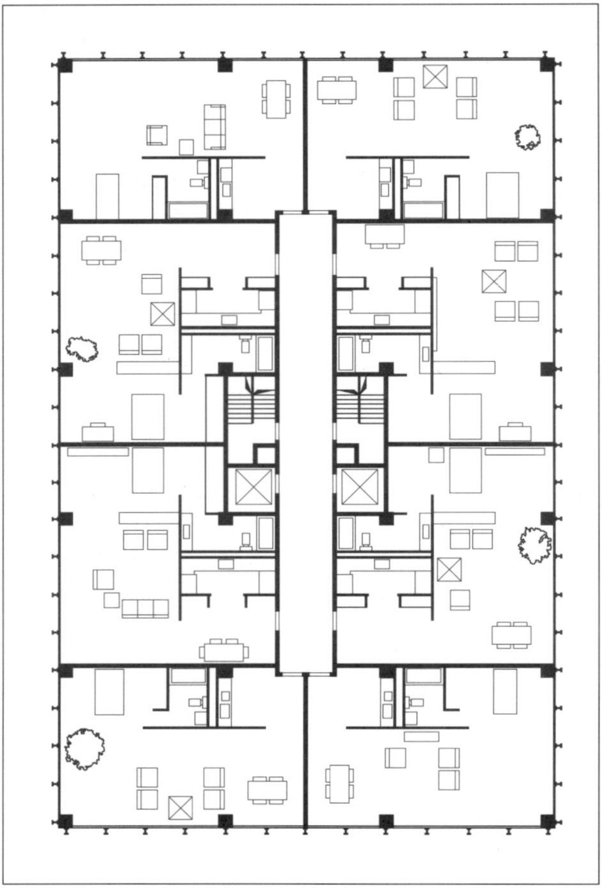

の外装と構造的な骨組が一体化されるまでに発展している。建物本来の「建つ力」を純粋な形で力強く表現することに成功したのである。

図面　基準階平面図

写真
庭とセットバックされたエレベーターホール

さらに、型枠代わりにスチールプレートを使うという新しい工法は、工事用の足場を不要とした。そして、風荷重を受ける鉄骨モリオンの構造設計は、建設部材を最少限にした。その結果、通常の建設費より約一割も安くなり、経済性の問題で悩むクライアントを喜ばせた。

アパートの平面を見ると、廊下を挟んで二つの階段室と2機のエレベーターを対称的にまとめ、居室は、外装のモリオンに合わせて、いかなるレイアウトも自由にできる柔軟性の高い空間に創り上げられてい

る。ヴァイセンホーフで示されたように水周りを入口部分にコンパクトにまとめ、居住部分に「ゆとりのある空間」を提供している。

アパート建築も事務所建築と同様に、空間の柔軟性が所有者の資産価値になる。もし、隣が空いて売りに出れば、それを買い拡幅し、一層ゆとりのある生活ができよう。集合住宅の究極的な目的は、集合住宅にあって個建て感覚をどう満足させるかである。

ミースは建物内部の壁を白にする。なぜ白に塗るか、私の質問に対し「白は住む人の色合いを自由に選択させる」とミースは答えてくれた。そして外装には、黒色、赤、青、黄色と外装全体に塗った模型を造り、慎重な検討の結果、最終的に黒色が選ばれた。

2棟のまったく同じ建物の配置には、イリノイ工科大学の校舎配置と同じ、建物の「ずらし」が採用された。これは、一つの建物と次の建物の関係を、一ヵ所だけ重層させて配置する方法であり、外部空間を一度は閉じそしてまた開く、動的な空間に造り変える。

こうした動的な空間操作によって、建物を都市空間に有機的につないでいる。ガラスを大きく使った2階までのセットバックも、エレベーターホールを視覚的に公園的な緑の広場に近づけ、建物全体を心地良い都市空間の一部としている。

アパートのガラス越しに広がるミシガン湖の景色は、四季折々の変化を住民に伝え、憩いを誘う。一方、巨大都市シカゴの眺望は、まさに文明をランドスケープにした、息を呑むような迫力である。ガラス建築により常に「自然と都市」の両方の変化を建築に取り込もうとするミースの設計意図は、「バランスのある科学技術時代の社会を築いて欲しい」という願いに集約されており、これはアパート住民に託す建築家のメッセージでもある。ミースは、ガラスタワーに隠された新しい「職住接近」アパートの役割までも、見事なまでに形にしたのである。

860レイクショアードライブ・アパートの完成時にミースは「誰でもできる建築を実現したかった」と述べたという。

第5章

建設芸術の完成

ファンズワース邸――吊り構造によるユニバーサルスペースの誕生

ある時のこと。ミースがニューヨークを訪ねて学校に戻ってきた。その旅の印象はもちろんのこと、一番気に入った建物の名前を学生は聞きたがった。その答えは建物の名前ではなくマンハッタンとニュージャージーをつなぐ橋「ワシントン・ブリッジ」であった。橋の純粋な構造表現を最も美しいと学生に知らせ、エンジニアリングの深い意味を改めて学生に教えたのである。

1950年、ミースは独身の医学博士エディス・ファンズワースの邸を完成させる。発注後、5年の歳月を費やして完成したこの作品は、クライアントから建築費の予想外の高騰を理由に、家庭建築雑誌の後押しもあって訴訟騒ぎに発展した作品である。ミースの現代建築を代表する作品にも関わらず、個人的な問題もあってか、スケッチや模型による発展プロセスがあまり発表されていない。ただし、設計を引き受けてから5年の歳月は長かったが、「一度スケッチが渡された後は急ピッチで設計作業は進められた」と現場担当のマイロン・ゴールドスミスは述べている。

訴訟問題はあったが、ミースは何度かクライアントとこの特殊条件付きの敷地を見て回っている。個人の別荘としての課題を頭の中で描き、現場を訪ね、その構想がまとまった段階で、手が自然に動き、スケッチが担当者に手渡されたのだろう。

ミースはすでに1931年、バルセロナ・パビリオンの建築的延長線上に独身者住宅を実物大で展示用に造っている。また、1934年にはガラスの家のスケッチ、さらに1938年には渡米を決めたリザー邸の住宅作品があり、ファンズワース邸設計の準備は十分できていた。

敷地は、シカゴから車で1時間ほど離れたプラノという穀倉地帯にあって、小高い丘が点在する平原の一画である。そこを縫うようにフォックス河が流れ、その河沿いに開拓から取り残された雑木林がつづいている。その中の9エーカーの窪地が敷地である。フォックス河は春になると雪解け水によって定期的に氾濫する。敷地である窪地も、定期的に水没するという特殊条件が付いていた。

正面入口

ミースの育ったドイツの川辺も、上流のアルプスの雪解け水で春になると河の水位が上がり、川辺に建つ家は階下を定期的に浸水させる。その水は穏やかに流れ、建物を壊す濁流とは違う。住人は、その期間をうまくやり過し、その後は水辺の季節感と眺望を楽しみ、そこから離れない。この体験があったのか、ミースは建物を川辺から離すのではなく、むしろ近づけた。水没する真ん中に建物を置いて、その特殊条件を建築の有利性に変えたのである。

ファンズワース邸の駐車場は、敷地全体からすると北外れに設計されている。ミースは静かな居住環境を確保するため、自動車を建物に近付けない。建物へ向かう歩道はフォックス河に沿って蛇行している。途中小さなせせらぎを渡り、さらに進むと、生い茂る木々の間から、森の壁で隠された白い社殿のように、少しずつ建物が現われてくる。

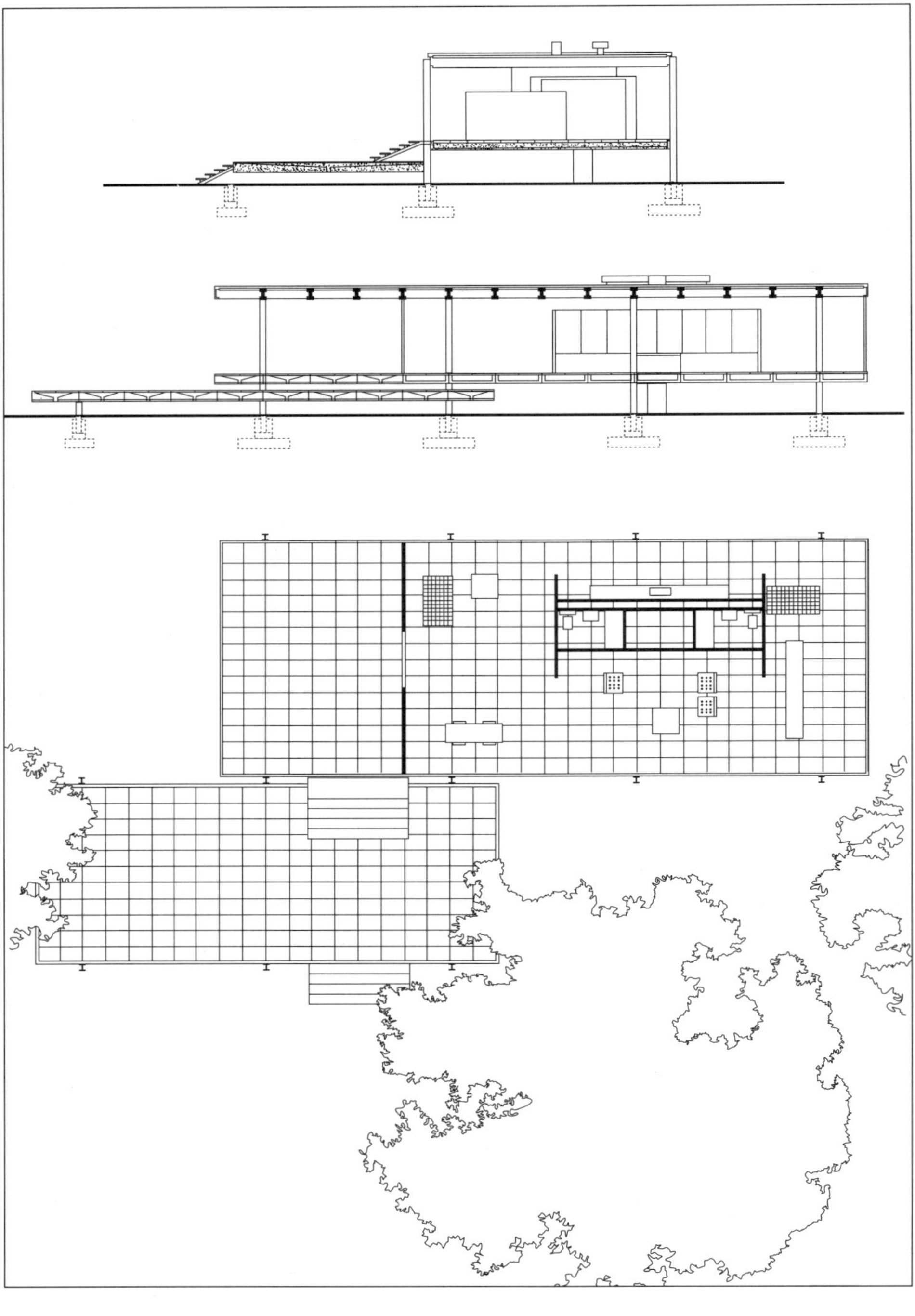

設計にあたっては、定期的に水没するという自然要因により、建物の床を1.5Mほど持ち上げた。そのため南側からのアプローチに広いテラスの中段を設けた。その二つの床を儀式的な広い階段でつなぎ、玄関ポーチに導いている。この導く空間は外の外、外の中、中の中とつづき、外部空間から内部空間に移る「空間の順序立て」を、まさに建築的に展開している。

その空間の順序立てを経て、後ろの庭に誘われ進むと、建物のやや中心より裏側にある扉を開けて室内に入る。室内は、少し南側に奥まってダイニングエリア、その後ろに居間の領域が広がっている。居間の横に、ワードローブのキャビネット、その奥が寝室になっている。居間の中心にあるマントルピースの大きな壁の中に水周りを収め、その裏側が台所である。しかし、流れるような空間はあくまでも一つの部屋の分節であり、大きな回遊的な内部空間は一つである。

ガラス越しに見る外の景色は、どの場所からも庭の木が肌に触れるように迫って見える。そして、敷地に沿って流れるフォックス河の波風が木々の隙間から見え、部屋の中にいるのではなく、まるで自然の中に住み込んでしまったようである。とくに玄関前にあるメープルの巨木は見事で、建物全体を覆い囲むように聳えている。

建物全体の約四分の一余りの玄関ポーチと並外れて大きな中段のテラスは、週末の休息と遊びのための外部空間としてしつらえたものである。

この建築材のすべての鉄は、市販されているカタログの鉄材である。使われたH型鋼もC型鋼も特別な加工を施してはいない。その寸法は構造計算から割り出された数値によって選ばれた鉄骨材である。使われたガラスも、床と屋根に使われたプレキャストパネルも、市販されている「規格品」である。

柱スパンは8.4M、柱間は長手方向に7.2Mの間隔で4本、前後8本の柱で建物を支えている。その両端に梁幅を最も構造的に有利に細める1.8Mの持ち出し部分が付け加えられた。

図面上　断面図

図面下　平面図

工事はドライ工法で、工事用の足場は使われていない。この工業製品による規格化と建設の合理化は「すべての科学技術がその使命を全うした時、それは建築に成る」建築の真髄を見せているのである。

ファンズワース邸の特筆すべき建築的貢献は、まずはその流れるような豊かな内部空間の創造、もう一つは工法のディテールにある。それは「柱と梁の接続」にある。即ち、ここでは、「柱」は「梁」の外側に溶接されて取り付けられている。したがって、C型鋼の「梁の下ば分」、従来の工法より内部空間が広くなったことになる。

長い建築史において「柱は梁の直下」で支えるのを当然としてきた。しかし、ミースは土木における吊り構造の橋梁技術を建築に応用し、柱を梁の横で支える新しいディテールを鉄骨溶接の工法によって生み出し、革命的に「内部空間に柱のない空間」を創ったのだ。

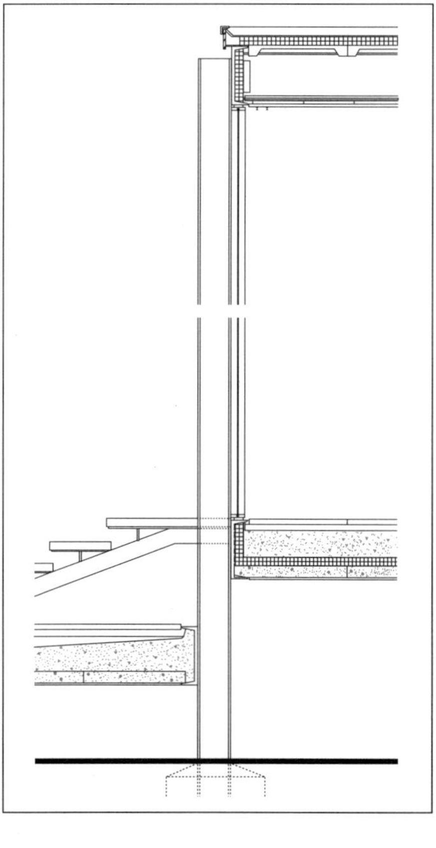

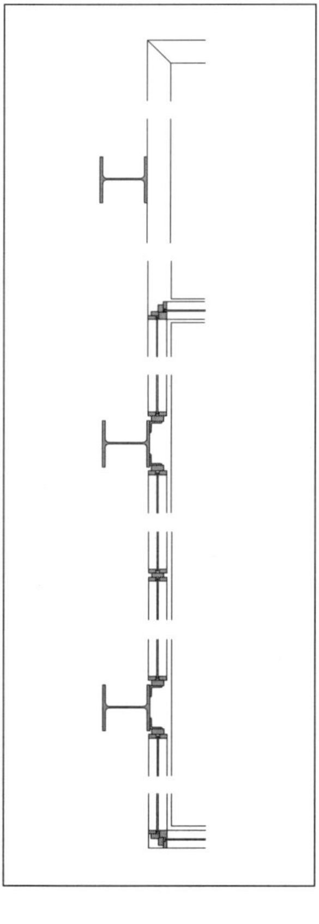

図面右　平面詳細図

図面左　断面詳細図

ミースはバルセロナ・パビリオンの柱にクロームのプレートを巻いた。トゥーゲントハット邸にはステンレススチールの輝く柱を置いた。その試みは、人間の行為をさまざまに邪魔する柱を鏡のように無性格化し、消すための方法であったのだ。それは、建築計画的にいえば、「人間の領域をどの方向にも妨げない自由な空間造り」の初期的段階であったことがここに明らかになった。

長い試行錯誤の末に創られた「柱と梁の新しい関係」は、ミースが追求してきた柱に邪魔されない最も柔軟な空間「ユニバーサルスペース」を誕生させた。これこそ、「時代の要求を空間に翻訳した」建築空間であり、ミース64歳の功績と成果である。それはまた、その後も自身の建築の主題である「エンジニアリング＝構造的課題」に向かう長い道程にあって、一つの頂点、一つの建設芸術の完成であった。

建物全体の床に白いトラバーチンを引き、中央のマントルピースをマホガニーのパネルで覆い、ワードローブのキャビネットにチーク材を使い、窓には天然のシャンタンのカーテンが掛けてある。その素材の豊かさは、置かれた家具と共に知的で上品で、これ以上ない空間を創り上げた。

クライアントに訴訟を起された工費の高騰の要因は、まず、建築にはじめて使う不慣れな溶接技術の施工に高い精度と密度を要求をしたことにある。さらに、ミースの緻密な精神が要求する眼目のきいた隅々まで行き届く、ディテールのこだわりにあったのだ。

「この家ははるか時を遡行して、原始の人々の堀立小屋につらなり、さらには、有史以前の湖上居住に、より直接のつながりを持とうとするものであろう。それはまさにわれわれの時代のみが創り出すことのできる住宅であるが、また同時にそれは住まいの原形として時を遠く超える存在となっているのである」とルードヴィッヒ・グレイサーは「GAグローバル・アーキテクチュア」のファンズワース邸のテキストの中で述べている。

この建築が辿りついた普遍的な「空間の順序立て」は、歴史的な建築言語のミースによる時代的な翻訳であり、新しい建設技術による建築の創造は、ミース自身が追求する「建設＝BAU」を「芸術＝KUNST」にまで高めた実証例となった。その美しさは、ミースが精読した聖アウグスティヌスの言葉「美は真理の輝き」にまで建築を昇華させている。

この作品はまた、L.H.サリヴァンの「形態は機能に従う」という近代建築の幕開けを告げた形態に対する信条を超えて、形態はいかなる機能の変化も許す「ユニバーサルスペース」という新しい建築言語を世に示すことになったのだ。

「機能的要請は時間の経過に従って変化する。しかし、一度がっしりと形態が確立されてしまえば、容易に変化することはできない。それ故に、機能的な要請をそのまま、個々の建物の空間的な必要として造るのではない」とミースはピーター・カーターに答えている。

機能的要請は時間と共に変化する、しかし、その変化をユニバーサルスペースは許容する。それは「エンジニアリング」と密接に関わる。つまり、エンジニアリングの「構造組織を建物全体に秩序づけ、その空間の成す内部の空間に柔軟性を求める原則は、建物の中の本質的なものだけを固定し、それによって最初の配置にも、将来の変更にも対応する空間を創る」建築が、ミースの時代的な空間の翻訳であり、これを足場として、さらなる新しい構造システムを追求するのである。

後方より建物を見る

クラウン・ホールの
正面入口

建築学科教室　クラウン・ホール

1956年、クラウン・ホールの完成時に「これがわれわれの考えを最もよく表現する、これまでで最も明確な構造体だと思う」とミースは述べた。私が1958年、これぞ新しい建築であると感激した建物である。

ここまで述べてきた通り、時代を翻訳した「住まう空間」として、トゥーゲントハット邸に、並外れて広いリビングルームを造った。それは「中間領域」に囲まれた自由な空間を創るためであった。その物理的な広さは、個人の領域を部屋の壁で囲むのではなく、距離のある中間領域でゆるやかに囲むという新たな空間概念の実践であったのだ。

中間領域の存在は、必要によって人を「物理的につなぎ、かつ感覚で隔てる」人のコミュニケーションをスムーズにする画期的な計画手法である。ミースは広い空間を創るために、新しい構造システムに着目し、新しい建築表現を求めたのである。

1階建ての建物は、建築基準法上、耐火構造にする必要がなく経済的である。ミースは1942年に、1階建ての多様性を追求する二つの作品を発表している。一つは、コンサートホール計画で、飛行機の格納庫を使ってコラージュにより提案した。もう一つは、小都市のための美術館のスケッチで、自由な展示空間を提案するだけでなく、すでに、大空間を実現するための吊り構造を美術館のオーディトリアムに描いている。

その後も、内部に柱のない構造システムは、さらに多様な展開を示す。吊り構造の柱を外部に見せた50×50の小住宅、吊り構造をより大きくしたドライブインレストラン、二つの劇場を内包し共通するホワイエを持つマンハイム国立劇場の提案とつづき、こうした構造システムの長い発展プロセスを経て、吊り構造に合ったより広い空間の可能性が細部まで検討され、新しい建築表現に結実していくのである。

ミースは、ファンズワース邸の完成から6年を経て、建築学科教室クラウン・ホールを完成させた。バウハウスがデッサウからベルリンに移った時、工場を借りて教室にしたことがあり、大きな空間は創作する場として望ましく、建築学科の建物としてふさわしいことを知っていた。そこに創られる広い中間領域は、教育プログラムを学生それぞれに同時に進行させる。騒音は邪魔にならないばかりか、むしろ個々の作業に集中させる役割をも果たすことをすでに経験していたのだ。

3世紀余にわたるゴシック時代は、控え壁としてのバットレスの建築技術を獲得して、ロマネスク時代の教会建築の身廊をより高くより広くし、大いなる神の光を仰ぐ大聖堂を創った。石造建築がより広い空間を得るためにバットレスを採用したように、ミースは19世紀末から使われてきた吊り橋のエンジニアリングの技術を用い、全長さ66M、幅36M、天井高5.5Mの一つの大空間を完成させた。科学技術時代にふさわしいことはもちろん、建築学科の教育カリキュラムに合う創作空間はどうあるべきかという問いに答え、ミースはクラウン・ホールを鉄骨造で設計したのだ。

柱は通常のH型鋼に全幅にわたるI型鋼の大梁を溶接し、スチフナーによって一体化した。その柱を18Mの間隔に4本置き、巨大な屋根をダイナミックに上から吊している。最もスレンダーな横梁を得るために、長手方向の両側に6Mの持ち出し屋根を取り付けた。ホールの四周には、3Mごとに横振れを止め固めるI型鋼のモリオンが建てられている。

この内部に柱のない空間は、まるで「部屋の都市化」ともいえる大きな空間であり、さまざまな催しに使われ「ユニバーサルスペース」という新しい建築言語を誕生させた。

建築家エーロ・サーリネンは、クラウン・ホールの落成式当日、ミースの業績を称賛して次のように述べている。

「偉大な建築は普遍的であると同時に個性的である... 普遍性は、その時代を表現する建築物の存在に由来する。しかし個性は、一人の人

平面図

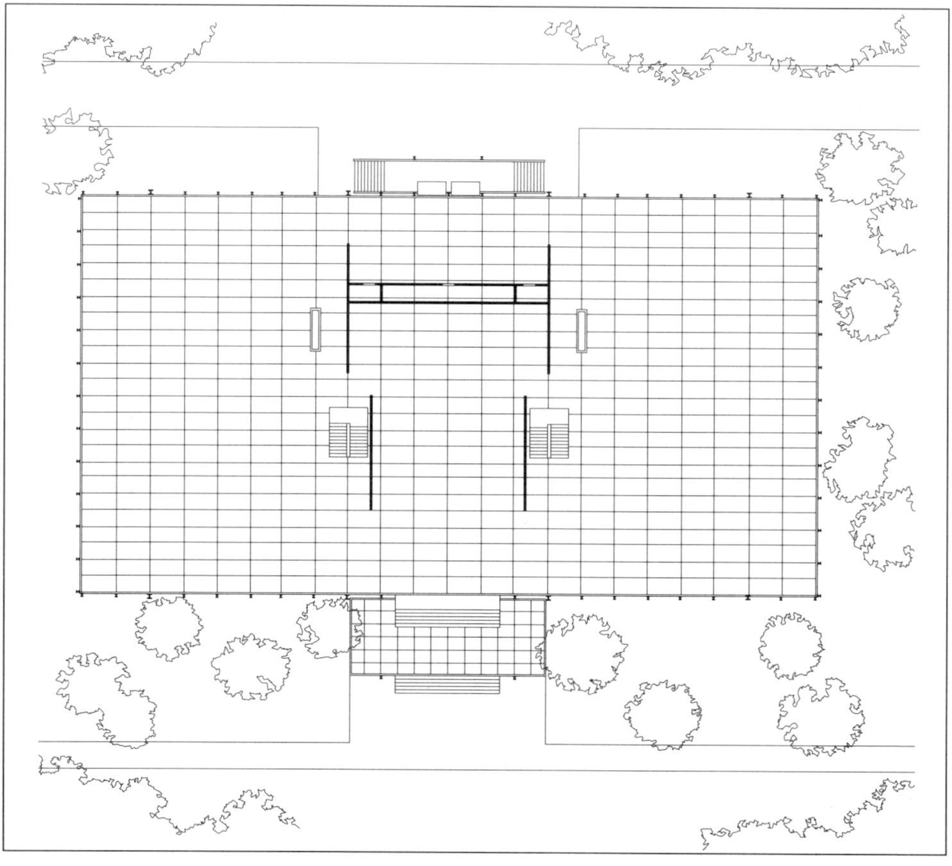

間の建築に対する信頼・誠意・献身・信念のユニークな組合せの表現として生じる」

いうまでもなくミースの建築の個性とは、建築家として建築に対する新しい可能性を信じ、建築家として最善を尽くし、無限の包容力を秘めた「個性豊かな建築空間」を創造することにある。その包容力とは「形は機能に従う」のではなく、「形はどのような機能をも内包する」エンジニアリングの建築化によって生成したのである。

建物全体は、地下室に採光を施すため1.8M持ち上げ、儀式的な階段が中段のテラスと建物の前面をつなぎ、中央の展示ホールに導いている。ホールの裏側には低い欅のパネルで仕切られた教授控室が並び、その奥に裏側からもアプローチできる事務室がある。天井まで伸びる壁は二つのサービス・ダクトだけで、それ以外は構造的に可変可動な壁で仕切られている。

中央の展示ホールを挟んで、一方に1学年から3学年までの設計スタジオ、他方に4学年から大学院生の設計スタジオが造られ、それぞれを低い独立隔壁で仕切っている。

教育カリキュラムは、1年生の住宅問題から始まり5年生の都市問題で

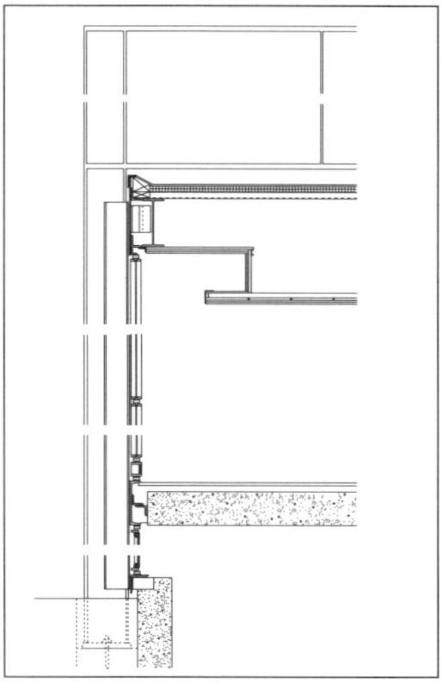

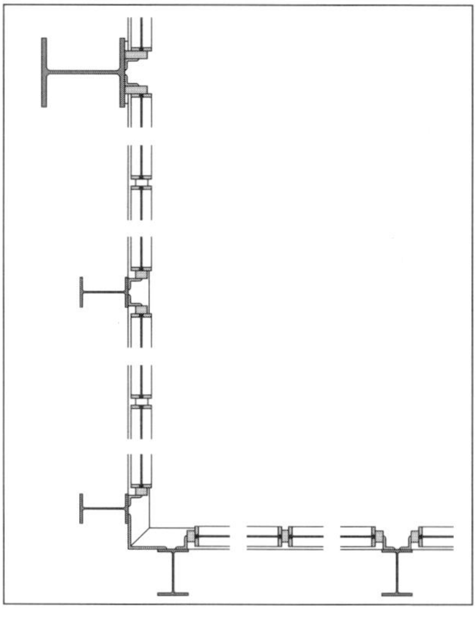

写真
吊り構造の柱と梁およびコーナー部分を見る

図面左　断面詳細図

図面右　平面詳細図

教員控室コーナーと学生のスタジオを見る

終わる、5年編成である。科目構成は学術的な科目と建設工法を学ぶ科目にビジュアルトレーニングを加えた実践的な教育プログラムになっている。教育課程は段階的で、基礎知識を初歩で学び、やがて複雑な問題に挑んでいく。それは、煉瓦の一本一本の積み方から始まり、全体を模型化し、その詳細図を書き、学ぶ。教科はあくまでも実践的訓練である。

クラウン・ホールの大空間は、教科の発展過程を余すところなく学生に見せ、はじめて学ぶ煉瓦積みの作業とその成果が、最終的に都市の一部となる建物の課題にどう関わり、どのような役割を果たすのか、明確に分からせている。学生は学年を超えて互いに作品を見ることができ、「段階的に学ぶ」目的とその訓練の意義を少しも迷わせない。

大空間は「邪魔されずに異なる授業を隣りあって行なえるだけでなく、十分な空間容量が気障りな騒音を吸収した。建物の規模からして、むしろ学生は場所感覚より広い全体への所属感覚を抱きやすい。また建物の大きな開放性は客観性を生み、伸び伸びと教え学ぶ空気をかもし出し、教授と学生間の自由な交歓を促した」と、この校舎で学んだデイヴィッド・スペースは述べている。

私も約3年間、徹夜作業に近い毎日をここで過した。同学年よりもむしろ徹夜組の学生が学年を超えて交流した。深夜になると、学生同士が1分でも余計に作業を進めるために、あれやこれやと掃除夫を丸め込め、来るのを遅くする共同作戦が面白かった。休暇中は世界各国から訪問客を迎え、スタジオを案内し、思わぬ人と出会えたことも楽しい想い出である。

真冬になっても、床暖房で、寒く感じた日は一度もなかった。むしろ学生のいない夏休みに蒸れる感じがしたが、窓枠にある細い換気口を開ければ、空気の流れはよくなり、冷気さえ感じられた。床から高さ2Mあまりの曇りガラスは、外部を視覚的に遮断する。その上にある透明のガラスから差し込む光は日中は十分明るく、卓上の電灯は使わないですんだのを覚えている。

模型の制作は地下の工作室で準備し、自分の広めの机の片方で組み立て、もう一方で図面を書いた。そうして、週一回の教授のチェックを待ったものだ。学生である意識は、全体の中の一人で、学生は他大学と違い、競う相手ではなく訓練する同士である。それは、不思議なほど新鮮で、学ぶ者を精神的に落ち着かせた。

学生の模型や図面の作成は、学友同士に説明をするそのつど、作業の課題と目的がより明らかになり、相手に説明することで自分も知ることができた。しかし、その相手との距離はいつでも少々あって、邪魔する感じを抱かずに、良好な関係が保たれた。

この人に優しい、回遊的に包む空間こそ「真のコミュニケーション」空間ではないかと、深く実感したものである。クラウン・ホールでは個人が自律し、そして相手を思い、相手と共生し、創造を共にする。建築学生の創造の場として、これ以上の教材はなかった。

「私が構造的建築物を追求することは、それが文明の本質と交流し得る唯一の方法と考えるからである」とミースが述べるとき、単に建築というジャンルを超えて普遍の世界に到達している。

都市空間を優先させたシーグラム・ビル

1953年、シーグラムはニューヨークの中心部、パークアベニューにアメリカ本社の新社屋を建設する計画を立てた。シーグラムの社長令嬢フィリス・ランバート女史は、その計画を知ると、当時エール大学の建築学科を卒業しパリで休暇中であったが、急遽ニューヨークに戻り父親に会った。そして敷地の許容面積いっぱいに建てる従来通りのウェディングケーキ型の建物ではなく、本社ビルを建てることで社会的貢献を成し、会社の発展に意義あるものであるべきと、説得した。それには、良い建築家を選び、内容の充実した新社屋を建てることが肝心であると結論、建設の全責任を彼女自身が請け負うことになった。

資料によるとフィリス・ランバートは、当時ニューヨークの近代美術館の建築部長の職にあったフィリップ・ジョンソンを訪ね、建築家のリストを入手し、誰を建築家に選ぶべきか二ヶ月半かけて検討した。その結果、「フランク・ロイド・ライトについては個人的な建築的才能と社会の建築的課題の顕在化を図ったことは認めたものの、それはアメリカにとって一時的な存在と解釈した。またル・コルビジエについてはアメリカの建築への貢献度はない」と判断した。そして選択の結果、ミースの、時代を超越した「すべての科学技術がその使命を全うした時、それは建築に成る」という1950年イリノイ工科大学の講演論文の一節に、新社屋の建設を託したのである。

ミースは設計を依頼されたが、建築家としてニューヨーク州の登録がないため、旧友フィリップ・ジョンソンをパートナーに選んだ。シーグラムが提示した設計条件は、「新社屋に50万スクェアフィートのレンタル・スペースを備えること、『全員、即ち、シーグラム社、請負業社、ミースにとり栄光を極めた作品になること』の二点であった」とデイヴィット・スペースは述べている。

「私のシーグラム・ビルへのアプローチは、他に私が建てようとするどんな建物の場合とも違わない。私の考え、というよりも私のたどる『方向』は、明確な構成と構造である。これは、どれか特定の問題ではなく、私が手がけるすべての建築課題に適用される。実際私は、特定の建物には個々の性質が必要だという考えにはまったく反対であ

パークアベニュー側から見る広場と建物

る。むしろ私の信ずるところでは、建築の全般的な課題を解決し、決められた普遍的な性質を表現すべきである。シーグラム・ビルでは、ニューヨークに建てられるため、また私の建てる初めての大規模オフィス・ビルであるため、この計画の展開のために二種類のアドバイスを求めた。一つは、望ましい貸室のタイプといった、不動産に関する最良の助言であり、二つ目はニューヨークの建築法規に関する専門的なアドバイスである。私が方向を確立し、またこうした助言を得て、そこから後は、ただ一生懸命打ち込むばかりであった」

土地の区域規制とセットバック規制により、利用される土地の形状が決められた。ミースは、建物全体を斜線制限に追随させる形態ではなく、前面道路からの斜線制限をもって建物の高さとした。そして後方部からの斜線制限をもってビル後方低層階の高さとしている。

建物の構造は、単純な鉄筋・鉄骨コンクリートによるラーメン構造である。柱間隔はレンタル・スペースの有効性と地下駐車場設置を勘案して、8.4Mとしている。その柱間グリッドは40階のタワー部分を5×3、後方部の4階までを7×3とし、さらに細目になる10階までのグリッドを3×3とした。前面からの斜線制限を建物の高さとしたため、パークアベニュー側に敷地の約半分のオープン・スペースが出現した。その広場は、現実的にはパークアベニューの道路幅をも加え、ニューヨークのど真ん中に類のない都市広場を確保することになった。

ミースはシーグラム・ビルの中心軸を、パークアベニューの反対側にある古典的なラケット・テニス・クラブの入口に合わせて配置した。これにより、両者の間に生まれた空間的広場を両者が共有するという、有利性を創った。1階ロビーの天井高7.2Mは、ガラス面を大きくセットバックさせ、都市空間を建物の中に引き込んだ。その上に37階の事務所階が、エレベーター・コアーを中心に建ち、最上階2層を機械室とし、建物のスカイラインを飾っている。

外装にシャープなエッジと奥深い材質感を得るために、建築史上にないブロンズのモリオンとスパンドレルが使われた。さらにモリオンに合うブロンズフレームの窓枠を嵌め、ガラスも同調するトパーズグレイの吸熱ガラスが使われた。すべての材料の調和的選択により、一体の黒光りのブロンズ彫像のように、近代を象徴する記念碑的な建物となった。

この「心地良い働く場」はその発想から30数年の歳月を経て、ベルリンのフリードリッヒ街ではなく、世界の都市ニューヨークのパークアベニューに完成したのである。シーグラム・ビルの建築的な展開は、ミースが手掛けた多くのアパートメント建築に採用したラーメン構造で、発展進化してきた荷重を受けないアルミのカーテン・ウォールのディテールが、ブロンズの材料に取り代わって実践されたのである。

アルミの外皮は、鉄材が溶接によってコンクリートの型枠になり、構造と一体化したようにはできない。アルミはその材料の性格上、構造的に力を受けないカーテンウォールとして扱われる。アルミのカーテンウォールは工場で製作され、現場で取り付ける。その工法的なディテールは、イリノイ工科大学の教室棟で採用した隅柱と壁の関係のように、隅柱にアルミの回転プレートを造り込み、規則正しいモデュール寸法を両方向に与える最も経済的な施工方法が取れる。さらにミースは、アルミのカーテンウォールの一部に空調設備を嵌め込むディテールを開発し、建設的に発展させ、数多くのアパートを設計していた。

シーグラム・ビルには、アルミのカーテンウォールのディテールを使い、ブロンズの材料によって完成させた。トパーズグレイの吸熱ガラスは「光りの透過を適度に押さえ」、その全面的な使用により冷暖房の負荷を最小限にする。また壁面に細分化されたゾーンごとにサーモスタットを設置し、温度調整を自動制御する空調設備を実践に移した。1921年「すべての形式主義を否定する」木炭画によって提案された革命的なガラスタワーは、30年余りの歳月を経て、予想通りの科学技術の進歩もあって、ガラス建築を補う空調設備を見事に開花させ、心地良い事務所建築を完成させたのである。

内装の細部のディテールも使われる工業製品の規格寸法を建物の中に丁寧に組み込み、部分が全体に全体が部分に関係する有機的な関係が創られている。この建物は、その後に担当するいくつかのプロジェクトに比べれば決して大規模ビルではないが、高層建築が抱える「プロポーション」と「都市的な広場づくり」という二つの問題に対し、普遍的な提案を示した点で、高層建築の一つの記念碑となった。

建物が広場によって街路から大きくセットバックされたことで、パークアベニューに沿って歩いても遠くからはシーグラム・ビルは見えない。歩いてほぼ広場の前に出ると、建物は洋々たる姿を劇的に見せ、それは聳え立っている。建設の全責任を負ったフィリス・ランバートは「なんとまるでバロックというか、形容する言葉もない」と、その厳粛で上品な建物の表情を仰ぎ見て、計画の成果に感激したという。

ミースが求めた「不動産的意見」とは、世界市場を持つシーグラムがテナント選びでも世界企業を意識した上での要望であったはずだ。そのため、基準階はあまり広くはない面積に設計し、エレベーター・コアーからどの方向にも自由にアクセスできる柔軟なスペースを造った。

このプロジェクトは、建物のボリュームが大きなウェートを占める。ミースはこの界隈全体の模型を造り、都市環境に合った建物のプロポーションを詳細にチェックし、最終的に細い建物を選んでいる。風荷重に耐える

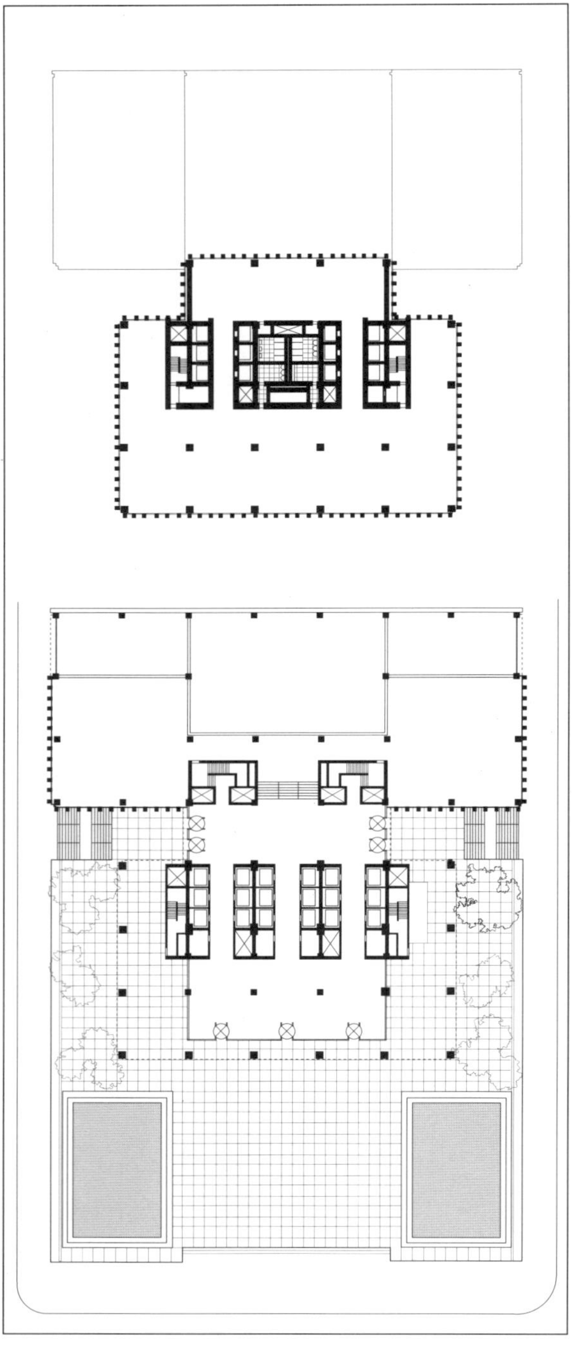

細い建物を可能にしたのは、高度補強ボルトによる架構組立技術と下層階のエレベーターシャフトに採用した耐力壁である。当時この高さ156Mは、この種の高層建築の世界最高であった。

私が学生として最初にミースに会った1958年、完成したばかりのシーグラム・ビルの写真が事務所の会議室の壁に飾ってあった。その写真を見て「シーグラム・ビルは絶対的なプロポーションか」と質問した。その答えは「イエス」であった。それはこうして導きだされたことを後で知った。

図面上　高層階平面図

図面下　一階平面図

図面左　断面詳細図

図面右　平面詳細図

パークアベニューに面する広場は、52番通りと53番通りに挟まれ、両側はなだらかな斜面を成している。その道路に沿って造られた窪んだ段差に、サイドエントランスが造られ、広場の回遊性を高めるだけでなく、基段をいっそう浮き立たせている。広場の両側に泉を配し、後方には可憐な木々を植え、界隈で働く人達にかけがえのない憩いの場

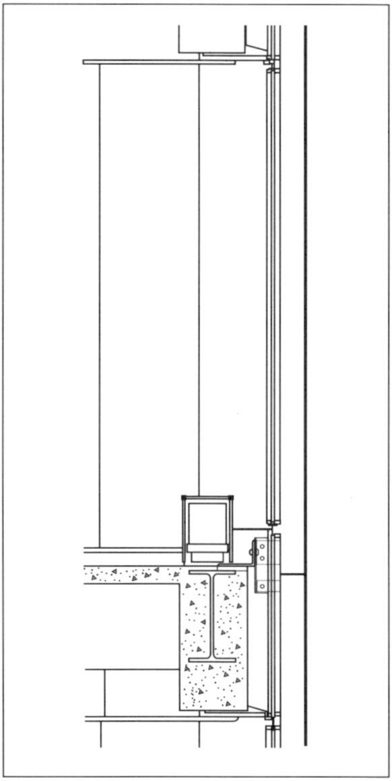

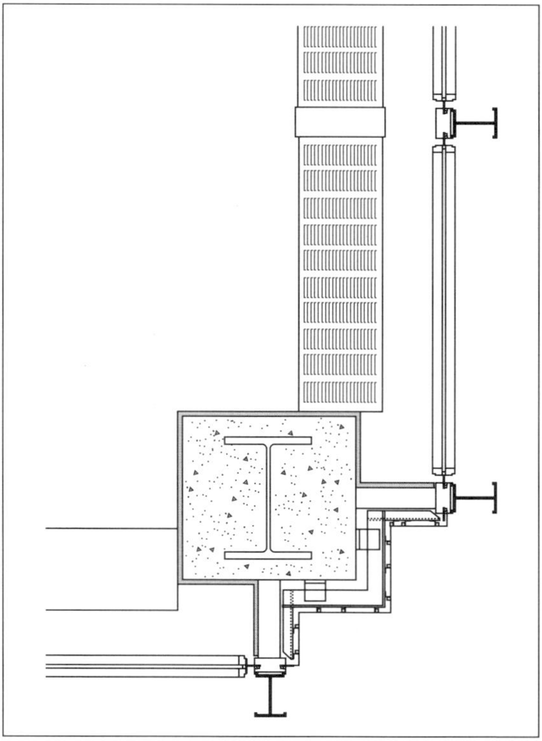

を提供した。中でも広場の縁石の高さがいい。そのまま格好の座席になり、市民に親しまれている。

シーグラム・ビルの開放的な広場

広場のイベントは、ニューヨーク市民の話題を常に集め、とくに毎年開かれる夏の彫刻展は、世界中から誰が選ばれるか注目される国際イベントにまで成長し、芸術の発展にも寄与する催しとなっている。

都市空間を優先させたシーグラム・ビル計画は、建てる側の建築家と事業家に近代都市の社会的役割と責任を改めて問うことになった。ミース自身も、その後の多くの設計で、建物と市民広場の関係を建築テーマとして加えている。

シカゴの中心地に建てたフェデラル・センターとトロントのドミニオン・センターでは、大規模ビルの総面積を機能に合わせた低層、中層、高層の三つの棟屋に分けた。広場をよりよく開放するために、建物を平面的なずらしの配置にし、かつ建物のスカイラインが低層から中層へ、中層から高層へ螺旋状に伸びるように構成している。この新たな

フェデラル・センター
模型写真

手法によって、広場の空間は地上から天空に向かい、動きのある劇的な都市広場が完成したのである。

ミースの設計した三つの建物による新しい都市空間の構成概念は、ルネスサンス時代にミケランジェロによって創られたローマのカンピドリオ広場に匹敵する、近代都市の新しい空間概念である。

近代のパルテノン　ニューナショナル・ギャラリー

1962年、当時の西ドイツ政府はニューナショナル・ギャラリーの設計をミースに依頼した。完成はミースが亡くなる1年前の1968年、そしてこれが最後の作品となった。

敷地は、ベルリンの中央、ブランデンブルク門を都市軸として広がる大公園ティアーガルテンの文化施設が建ち並ぶ一角にある。そこは、公園に沿って流れるランドベール運河とポツダム通りが交叉する場所で、ミースは敷地全体に基段を造り、複雑な地形を見事に調整した。

広いポツダム通りに面して美術館の正面を置き、後方に退くほど窪む敷地に、地階につづく広い裏庭を造り込んだ。

ニューナショナル・ギャラリーはミースのエンジニアリングの集大成である。二方向梁の構造システムは、鉄骨の梁を均一な格子状に組む最もバランスの良い真四角な屋根によって造られた。真四角な屋根は、その中に格子状の梁を3.6M間隔に通し、全長を64.8Mとし、その梁幅

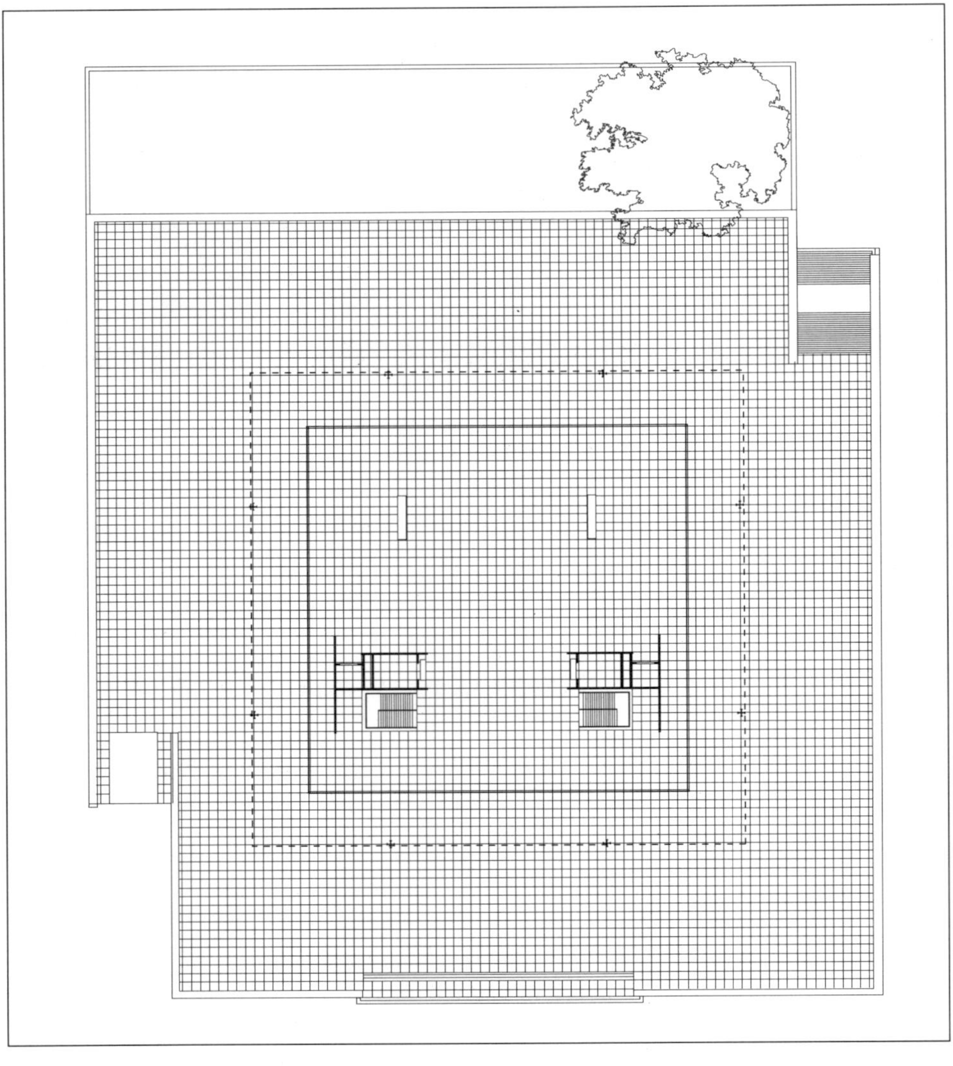

を1.8Mとする巨大なものである。

この巨大な四角な屋根は、二方向梁を鉄骨の溶接により組み立てて造り、そのすべての梁に座屈を抑えるスチフナーを取り付けている。その屋根は、T型鋼を溶接した垂直な十字柱、各辺2本、周囲8本の柱の上に、ピン接合部によって支えられている。各辺2本の柱間は28.8Mである。

屋根を構成している格子梁の位置を前面に伸びるシャープな梁のスチフナーの位置に明確に見せ、二方向梁の屋根の構造的なフレームの均衡をダイナミックに表している。屋根の天井高8.4Mを支える8本の鉄骨柱は、まるでギリシアのアクロポリスに立つパルテノンの柱のように大きな屋根をどっしりと支え、花崗岩で敷き詰められた基段の上に、まさに建っているのである。

図面左　平面図

図面下　立面詳細図

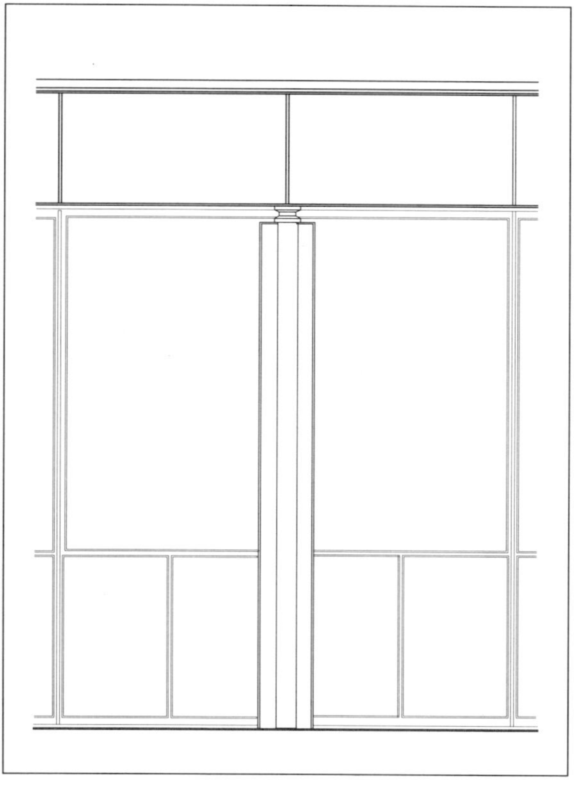

二方向梁の構造的な特徴は、その等しい荷重分布にあり、真四角な統一体を成す。真四角な形状は、無方向性の平面であり、いかなる環境にも同化する形態である。ここでは、ほぼ基段の中央に建物を置き、前後にいくらかずらす二つの階段によって、動的な都市広場を目指す調整を施している。

建物の周囲を成すガラス面は、屋根格子二つ分7.2M、セットバックさせ、建物に深い軒下を造り、建物と都市の豊かな中間領域を造っている。その後方に、一辺57.6Mの巨大な四角の企画展示室が、二つの大理石のダクトシャフトのほかは邪魔するものは何もない「ユニバーサルスペース」になって広がっている。この無方向性の四角な空間は、いかなる催しも可能にしている。

基段全体の真下に造られた地下室は、常設展示場である。その脇に荷解き場を含む管理部門および機械室を置いた。基段の後方部に落とされてできた庭は、常設展示場の延長上にある、木々に囲まれた野外彫刻の展示場である。

ミースは、バルセロナ・パビリオンにおいて、ジョージ・コルベの彫刻を建築空間を高める芸術的要素として見据え、見事にコートの中に配置した。その後1942年、小都市のための美術館プロジェクトでは、巨大なピカソの「ゲルニカ」を借りて、絵画芸術が持つ目的性と独立性を尊重しつつ、いかに建築的な展示が可能か、コラージュによって試作している。

ミースは1956年、クラウン・ホールの完成と時期を同じくして、ヒューストン美術館拡張計画に参加し、吊り構造による大空間を設計し、コラージュで試作した展示手法を実践している。

企画展示室、57.6M四方の柔軟な空間は、いかなる作品をもその価値を損なうことなく展示する空間概念によって造られた。芸術の作品価値は作者の創作の意図にある。建築家は、その創作の意図を尊重し、他の作品に邪魔されない展示方法を提示する。これこそが美術館を設計する役目とミースは理解しているのである。

真四角なユニバーサルスペースの構造的な提案は、前述した50×50の小住宅から始まった。この小住宅は、鉄骨造りの二方向梁の真四角な屋根によって試みられ、H型鋼の柱を四周の中央にファンズワース邸と同じディテールにより取り付けて屋根を支え、その梁の下にガラス面を受けている。

この二方向梁構造は、キューバ政変によって結局は実現しなかったが、1957年発表のバカルディ・オフィスビルにも使われている。ただし、この国の極端な鋼鉄材の不足からコンクリート構造によって造られている。この作品は、塑性を持つコンクリートの性格が梁の断面と柱の

写真上
1F企画展示場内部

写真下
ポツダム通りから見た建物正面

形を決定した。全長54Mの四角な二方向梁の断面は、中央に行くほど梁背は厚く、端部に行くほど薄く造られた。同時に柱の形状も上部に行くほど細くなる十字柱を採用し、屋根の各辺を2本の柱、計8本の柱とその上のピンの接合部によって支えている。そして、この構造システムがニューナショナル・ギャラリーに使われる鉄骨構造にまで発展するのであるが、最終的に二方向梁は、スペース・フレームの構造システムに帰結し、216M四方の大空間を実現するシカゴ・コンヴェンション・ホールのプロジェクトとして、1954年に発表されている。

ミースは前述したように「私が構造的建築物を追求することはそれが文明の本質と交流し得る唯一の方法と考えるからだ」と発言している。それはまた未解決の構造システムを建築化しようとする限りない努力

建物裏側より聖マテウス教会を望む

によって「時代の要求を空間に翻訳する」エンジニアリングの可能性を追い求めた、ミースの一貫した建築の課題探しの態度であった。

オフィスビルが求めた空間の柔軟性の要求と美術館の展示のための空間の柔軟性の要求は、その業態は異なるものの、前者が「働く人間の開放を許す」場であり、後者が「創造する人間の表現を許す」場であるという点において、まったく共通するものである。

ニューナショナル・ギャラリーの前面の梁背1.8Mは、一見少し重過ぎるという意見がある。コンクリートで提案したバカルディ・オフィスビルのように、前面から中央に行くほど梁背を深くすれば、前面の梁背は薄くなる。しかし、求められる均一な空間と屋根の構造的性格と材料の「溶接」という施工技術を考えれば、工法の矛盾を決して許さないミースの建築への徹底したアプローチが「梁背1.8M」を実現させたのである。「科学技術＝テクノロジー」が真実の形となって表現されているのである。

私が美術館を訪ねた時、企画展示室では大きなファッションショーが開かれようとしていた。広い展示場の内部に、赤い布に囲まれたもう一つの会場が造られ、中央のステージでは、開演真近なリハーサルが行なわれていた。天井の二方向梁のフランジには液晶パネルが貼り込まれ、情報社会を反映したのかメーカーのロゴの映像を電光板のように一方向に流し、真四角な静止している空間に動きを与え、会場いっぱいに鳴り響く激しい音楽と共に強烈な空間を創っていた。

この展示を見て、独立した企画展示室を一階に置き、地下室に常設展示場を置いたミースの設計意図が理解できた。すなわち企画展示室とは、他の諸施設から性格的に独立して自由に使われてこそ、明日に訴える新しい何かを展示することが可能になるのである。

晩年にして、思い出深いベルリンに、ニューナショナル・ギャラリーをそれこそ劇的に完成させたことは、ミースにとって最高の名誉であった。この地には、若い時学んだシンケルのベルリン旧美術館が戦火を逃れて建っている。ミースは20世紀にして折衷的な建築を拒否し、科学技術による新しい建築の創作活動を発展させ、二方向梁の美術館に辿り着いた。しかしミースの作品とシンケルの作品を対峙させると、シンケルの建築の厳格なオーダーは、ミースの建築の構造的な秩序の中に、精神的な「建築言語」として正しく受け継がれていることが分かる。

シンケルの美術館の入口を見ると、分厚く金箔で縁取られた格子状の天井をイオニア様式の列柱が支えている。それとは違うミースのニューナショナル・ギャラリーは、最も構造的に有利なメンバーがコンピューターの解析によって選ばれ、真四角な鉄骨の格子状の屋根を造っている。その剥き出しになった鉄骨の格子状の天井を、ピンの接合部によって8本の鉄骨柱が支えている。そこには紛れもなく文明の本質的な違いがあるが、二人が共に求めた「建設芸術」が創られている。

「シンケルは世界の運命を型取るべく用意し、国家の運命を祝ったのに対し、ミースは解剖学者の精密さで、世界がどうなるかを分析している」と、フランチェスコ・ダル・コォは述べている。

設計の最終段階において、ミースはニューナショナル・ギャラリーの敷地の後方に再建されたビザンチン様式の聖マテウス教会とギャラリーをどう関係づけるか、模型で検討している。その結果、建物の裏側に展開する広場のほぼ中央に教会の中心軸を合わせ、1849年に建てられたビザンチン様式と近代1968年の鉄の建築を「時代の建築の表現」という言葉でつないでいる。

ニューナショナル・ギャラリーの真四角の建物は「全体が部分に部分が全体に関わる有機的な関係」によってこれ以上なく丁寧に設計された。それは、ルネスサンス期の最も優雅な建築であるブラマンテのサン・ピエトロ・イン・モントリオ聖堂のテンピエットにおける円の重層化にも似て、真四角な重層化による真四角な全体が最も美しく建築化された。

ミースは、建築の大衆化を目指し、新しい構造システムにより最も構造的に有利な解答を求め、建設における規格化と合理化により、科学技術を駆使したエンジニアリングを建築化した。それは確かにミースの建築ではあるが、われわれの時代の証しでもあり、匿名性を主張したわれわれの建築である。そして大切なことは、いずれの構造システムもそのプロトタイプを明かし、われわれの近代建築の出発点を示したものである。

20世紀を代表する建築家にして我が恩師、ミース・ファン・デル・ローエは、悪性の咽喉癌に肺炎を併発し、1969年8月7日、83歳で帰天した。

この偉大な巨匠の建築的な功績に対し、亡くなる6年前にはアメリカ大統領から大統領メダルが贈られた。ミースの祖国、ドイツ建築協会からも金メダルが授与された。シカゴ建築家協会からもその建築業績と建築教育の大いなる功績に対し、金メダルと最大の賛辞が贈られた。

あとがき

私は以前からミース・ファン・デル・ローエという近代建築の巨匠に会い、その事務所で働き、建築の創作作業を共にした者として、その経験と知識をテキストにまとめておきたいと願っていた。それこそ、限られた者の使命と考えていた。

しかし、いざ書き始めてみると、私が触れることのできたのはミースの近代建築への偉大な貢献のほんの一部であり、選んだビルディングタイプと建築言語も限定せざるを得なかった。それでも、ミースを語る上で、私自身が知る、最も重要な建築言語を抽出したつもりである。

ミースは、大きくて、深い。どの作品も、一冊の本に編んで、なお余りある重要な内容を持っている。また、ミースに関する著述や論考も多い。しかし、「LESS IS MORE」のように、ミース自身が一度も発したことない言葉が一人歩きして、ミースの本質的な業績を危うくしているのは、まことに残念である。事実は、インタビューのおり、ミースの答弁を受けて「それはLESS IS MOREですね」と、記者が勝手に解釈した言葉である。

本書の建築言語は、そのような隠喩の中にあるものではなく、ミースの直接の言葉を集約したものである。それは、建築の展開を無限に促す、普遍性を持つがゆえに新しい言語である。少なくとも、このテキストによって、ミースの人間愛に基づく建築活動こそが、科学技術時代の「誰でもできる建築」の出発点であることを理解されたい。

私が、ミースの事務所で働くようになったのは、イリノイ工科大学の修士論文のアドバイザー、マイロン・ゴールドスミス教授の紹介による。その修士論文は、ゴールドスミスがミースの事務所で関わった50×50の小住宅の延長上にある。私は、機関車の展示資料館を設計し、その構造的課題を発展させた。

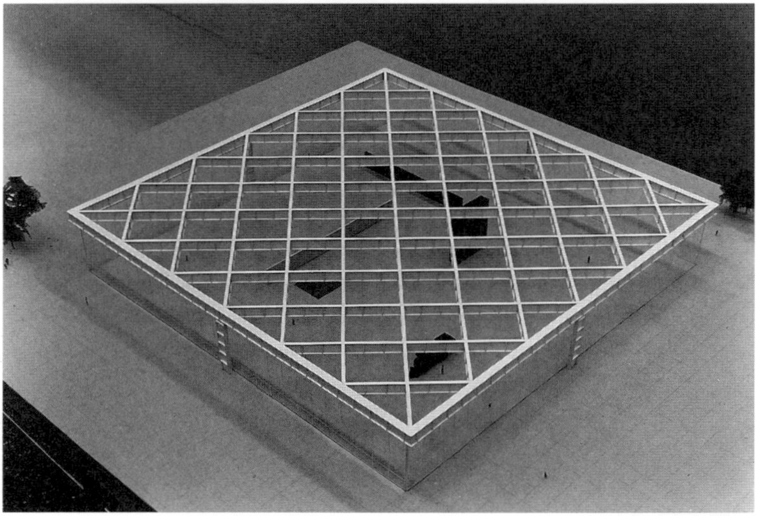

機関車の展示資料館：アドバイザー、マイロン・ゴールドスミス

この作品は、二方向梁のダイアグナル・グリットに到達し、平行状の格子梁よりも約10%、構造的に経済的である。真四角な「ユニバーサルスペース」の広さは90M、梁幅は1.5Mで、外周部の梁をボックス・ガダーで造っている。各辺に1本のH型柱、計4本の柱により、ピンの接合部によって屋根を支えている。

私はこの作業で、本書で述べた「構造の有利さ」「プロポーションとオーダー」「フリースタンディング・ウォール」について2年間学んだ。修士論文が終わった日、ミースの事務所で働く訓練が身についたと思ったのか、ゴールドスミスは事務所に紹介してくれた。

私は、関東学院大学を卒業し、建築とは何かを問い始め、最終的にシカゴでミースの世界に辿り着いた。そしてミース直々に「建築とは時代の表現である」との教えを受けた。これにより迷いは消え、建築の命題が定まった。帰国後、建築の実践と教育に携わる中、「ミースの建築言語」の普遍性の意味をいくばくかは証すことができたと思う。

この本の誕生にあたり、関東学院大学出版部・四本陽一氏の熱心な動機付けと工学図書株式会社・笠原隆氏のご好意に、まず感謝申し上げる。建築学科の教職員のアドバイスと協力がどれほど勇気づけてくれたことか。図面の再構成を手伝ってくれた坂本直己君の努力と貴重な写真を提供してくれた増田一成君にも感謝したい。この本が読みやすく装幀されていることは、グラフィックデザインを担当してくださった薬師神親彦氏の功績による。

本書を、私の恩師、ミース・ファン・デル・ローエに、また大学院の恩師、マイロン・ゴールドスミスに捧げる。

2003年 4月30日

川崎市細山にて　　渡邊明次

ミース・ファン・デル・ローエ年譜

1886		ドイツ、アーヘンに生まれる。
1900	14歳	同市カテドラルスクール普通教育を終了。
1905	19歳	ベルリンに移り、工芸家ブルーノ・パウルに師事。
1907	21歳	建築家として独立。
1908	22歳	ピーター・ベーレンスの事務所にデザイナー兼ドラフトマンとして入所。
1912	26歳	クレラー夫人に招かれてオランダのハーグに滞在。同年ベルリンに戻り、事務所を開設。
1914	28歳	第一次世界大戦に参加。
1919	33歳	ベルリンで建築活動。11月グループの建築部に所属。
1921	35歳	フリードリッヒ街事務所計画。
1922	36歳	鉄とガラスの高層建築第二計画。
1923	37歳	コンクリート事務所計画。煉瓦造田園住宅計画。コンクリート田園住宅計画等、発表。
1926	40歳	ドイツ工作連盟副会長。
1927	41歳	同副会長として、第二回住宅展示会（ヴァイセンホーフジードルング）をシュツットガルトで開催。
1929	43歳	バルセロナ万国博覧会のドイツ・パビリオンを設計。
1930	44歳	チェコスロバキア、トゥーゲントハット邸設計。バウハウス、デッサウの校長。
1931	45歳	ベルリン建設展の住宅部門を担当、モデル住宅を設計。コートハウス計画。

1933	**47歳**	バウハウスをベルリンに移す。ナチス政権下、閉鎖。
1934	**48歳**	三つの中庭を持つ住宅計画。丘に建つガラスの家計画。 車庫を持つコートハウス計画。
1937	**51歳**	スタンリー・リザー夫妻の招きでアメリカを旅行する。
1938	**52歳**	渡米。バウハウス時代の写真家ヴァルター・ペーターハンと都市計画家ルードヴィッヒ・ヒルベルザイマーと共に新しい建築の教育課程をアーマー工科大学建築学科につくる。アーマー工科大学建築学科の主任教授に就任。
1940	**54歳**	アーマー工科大学はルイズ工科大学と合併し、イリノイ工科大学（IIT)に改名。 キャンパス計画。
1942	**56歳**	鉱物・金属研究棟（IIT)。
1946	**60歳**	科学工学科棟、同窓記念会館（IIT)、ドライブイン・レストラン計画。
1949	**63歳**	プロモントリー・アパート　シカゴ。
1950	**64歳**	ボイラープラント（IIT)、ファンズワース邸　プラノ　イリノイ。
1951	**65歳**	860レイクショアードライブ・アパート　シカゴ。 単位住宅プロトタイプ50×50ハウス計画。
1952	**66歳**	礼拝堂（IIT)。
1953	**67歳**	マイハイム国際劇場計画。カーマンホール／学生宿舎／カマンズ・ビルディング／学生食堂およびショッピングセンター（IIT)。
1954	**68歳**	シカゴ・コンベンション・ホール計画。 カマンウェルズ・プロムナードアパート　シカゴ。

1956　**70歳**　ヒューストン美術館　ヒューストン。クラウン・ホール（IIT)。

1957　**71歳**　ラフィアッタ都市再開発計画　デトロイト。

1958　**72歳**　イリノイ工科大学建築科主任教授退職。シーグラム・ビル　ニューヨーク。
バッカルディ事務所計画　キューバ。

1959　**73歳**　ロイヤル・ゴールデンメダルを受ける。

1960　**74歳**　レイクビュー・アパートメント　シカゴ。コロナ-ド住宅開発　ニューヨーク。
バッカルディ事務所　メキシコシティー。
アメリカ建築家協会より金メダルを受ける。

1961　**75歳**　イギリス王立建築家協会より金メダルを受ける。

1962　**76歳**　ホームフェデラル銀行　デモイ。

1963　**77歳**　チャールズセンター　ボルチモア。シカゴ大学社会福祉管理事務校舎　シカゴ。
アメリカ大統領よりメダルを受ける。

1964　**78歳**　シカゴ・フェデラル・センター　シカゴ。
ドイツ・クルップ・インダストリー本社計画　エッセン。

1966　**80歳**　ドイツ建築家協会より金メダルを受ける。
アメリカ建築家協会シカゴ支部より金メダルを受ける。
イリノイ工科大学より名誉学位を受ける。

1968　**82歳**　ニューナショナル・ギャラリー　ベルリン。

1969　**83歳**　ドミニオン・センター　トロント。

1969　**8月7日**　83歳で逝去。

参考・引用文献

1 MIES VAN DER ROHE / L.Hilberseimer 著 / Paul Theobald and Company Chicago 1956

2 MIES VAN DER ROHE / Philip C. Johnson 著 / The Museum of Modern Art 1978

3 MIES VAN DER ROHE at work / Peter Carter 著 / Phidon Press 1999

4 The Villa of Tugendhat Created by Mies Van Der Rohe in Brno / Dusan Riedl Text 1997

5 バウハウス　その建築造形理念 / 杉本俊多著 / 鹿島出版会 1979

6 バウハウス 歴史と理念 / 利光 功著 / 美術出版社 1970

7 現代建築の源流と動向 / L. ヒルベルザイマー著　渡邊明次訳 / 鹿島出版会 1973

8 ミース・ファン・デル・ローエ / ワーナー・ブレイザー編集　渡邊明次訳 / A.D.A.EDITA Tokyo 1976

9 ミース・ファン・デル・ローエ / 写真：二川幸夫　文：浜口隆一＋渡邊明次/ 美術出版社 1968

10 建築とヒューマニティ / 今井兼次著 / 早稲田大学出版部 1986

11 ミース・ファン・デル・ローエ / デイヴィット・スペース著　平野哲行訳 / 鹿島出版会 1997

12 ミース再考 その今日的意味 / K.フランプトン他著　澤村明＋EAT訳 / 鹿島出版会 1992

13 20世紀のモダン・ハウス：理想の実現 / a+u 2000.3号

14 特集ミース・ファン・デル・ローエ / ピーター・カーター / 建築 1969.10号

ミース・ファン・デル・ローエの建築言語

2003年7月17日　初版第一刷発行
2005年4月15日　初版第二刷発行

著者　渡邊明次
発行者　笠原 隆
発行所　工学図書株式会社
東京都千代田区麹町2-6-3
郵便番号　102-0083
電話　03-3262-3772
FAX　03-3261-0983
URL　http://www.kougakutosho.co.jp
印刷所　倉敷印刷株式会社

ISBN4-7692-0452-3 C3052
●定価はカバーに表示してあります